ZUKUNFT: POLARGEBIETE

ZUKUNFT: POLARGEBIETE
VERLIERER UND GEWINNER

Bertelsmann
ATLANTICA

INHALT

6 POLARE WELTEN

8 Kühle Schönheit – Der Zauber der Polarwelten
16 Arktis und Antarktis – Geografie zweier ungleicher Schwestern
22 Fantastische Farbenspiele – Die Besonderheiten der polaren Atmosphäre
28 Von Hell und Dunkel bestimmt – Das polare Klima
32 Natur pur – Polare Phänomene und extremes Wetter
40 Frachter im Eismeer – Volle Kraft voraus?
44 Sightseeing im Eis – Die Polargebiete als wachsender Tourismusmarkt
50 Die »Biografie« der Polargebiete – Geologie und Klimageschichte

54 EIS IM BRENNPUNKT

56 Polare Eiswelten – Eine verblüffende Vielfalt
64 Von Gletschern, Schelfeis und Packeis – Eisbildung an den Polen
68 Im Zwiespalt – Eis als Bedrohung und Rückzugsraum
76 Global vernetzt – Wie Arktis und Antarktis das Weltklima beeinflussen
82 Klimawandel – Die Polargebiete als Frühwarnsystem
90 Brennende Frage – Wie ewig ist das ewige Eis?

94 ÜBERLEBENSKÜNSTLER IM EIS: DIE TIER- UND PFLANZENWELT

96 Die Kälteprofis I – Tiere in der Arktis
104 Spezialisten an den Polen – Die faszinierende Tierwelt der Polargebiete
110 Die Kälteprofis II – Tiere in der Antarktis
118 Von der Kieselalge zum Blauwal – Die Nahrungsketten der Eisregionen
122 Polare Pflanzenwelten – Wachstum der Kälte abgetrotzt

130 DER MENSCH IM »EWIGEN« EIS

132 Ein Leben im abrupten Wandel – Die Polarvölker
138 Die Inuit – Ein Volk im Umbruch
142 Pioniere und Entdecker – Der Weg zu den Polen
148 Von Macht und Militär – Aufrüstung rund um den Nordpol
152 Neuen Erkenntnissen auf der Spur – Forschung im Eis
160 Das Rennen hat begonnen: Wettlauf um Nutzungsrechte
166 Die Arktis – Ein ökonomischer Hotspot
174 Zwischen Profit und Verheißung – Bodenschätze unter dem Eis
180 Waagschale im Ungleichgewicht – Der Mensch gefährdet die ökologische Balance
186 Chancen des Klimawandels – Vorreiter Grönland?

190 Register

192 Autorenverzeichnis

Unsere Zukunft – die Polargebiete

Die Polargebiete spielen in vielerlei Hinsicht eine zentrale Rolle im System Erde. Sie beherbergen einzigartige Lebewesen und regulieren das Klima der Erde. Wir Menschen sind jedoch im Begriff, die Paradiese der polaren Breiten zu zerstören. Ein Stichwort in diesem Zusammenhang ist der globale Klimawandel. Wenn es noch eines Beweises für den menschlichen Einfluss auf das Klima bedurft hätte, die Arktis liefert ihn. Betrachtet man den enormen Rückzug des arktischen Eises während der letzten Jahrzehnte, drängt sich unweigerlich die Frage auf, wie lange Arktis und Antarktis die enormen Belastungen durch uns Menschen noch aushalten. Die momentane Entwicklung ist erschreckend dynamisch: Die Arktis könnte schon Mitte dieses Jahrhunderts im Sommer komplett eisfrei sein. Dies würde den Lebensraum nicht nur des Eisbären, des wohl prominentesten Repräsentanten der Arktis, sondern auch den vieler anderer Arten zerstören.

Aber auch wir Menschen sind unmittelbar vom Rückzug der polaren Eismassen betroffen, nicht zuletzt wegen eines in der Menschheitsgeschichte möglicherweise einmalig schnellen Meeresspiegelanstiegs. Der Eispanzer Grönlands, sollte er komplett abschmelzen, ließe den Meeresspiegel um ca. sieben Meter ansteigen, der antarktische Eispanzer sogar um 60 m. Die momentanen Schmelzraten, insbesondere in Grönland, geben Anlass zur Sorge. Darüber hinaus beschleunigt die Polschmelze die globale Erwärmung und beeinflusst das weltumspannende Netz von Meeresströmungen.

Es ist daher an der Zeit, aufzuwachen und die Bedrohung in ihrem ganzen Ausmaß wahrzunehmen. Das vorliegende Buch beschreibt eindrucksvoll, dass es sich lohnt, die Schönheit der Polarregionen zu erhalten. Ich hoffe, es trägt dazu bei, uns Menschen wachzurütteln. Unsere Kinder und Enkel werden es uns danken.

Prof. Dr. Mojib Latif
Klimaforscher und Meteorologe
am IFM-GEOMAR

POLARE WELTEN

8   Kühle Schönheit – Der Zauber der Polarwelten

16   Arktis und Antarktis – Geografie zweier ungleicher Schwestern

22   Fantastische Farbenspiele – Die Besonderheiten der polaren Atmosphäre

28   Von Hell und Dunkel bestimmt – Das polare Klima

32   Natur pur – Polare Phänomene und extremes Wetter

40   Frachter im Eismeer – Volle Kraft voraus?

44   Sightseeing im Eis – Die Polargebiete als wachsender Tourismusmarkt

50   Die »Biografie« der Polargebiete – Geologie und Klimageschichte

KÜHLE SCHÖNHEIT – DER ZAUBER DER POLARWELTEN

Kein Lebensraum der Erde wird so sehr von Eis in seinen unterschiedlichen Erscheinungsformen geprägt wie die Arktis und Antarktis. Eis und Schnee lassen eindrückliche und faszinierende Zauberwelten entstehen, die den Betrachter unweigerlich in seinen Bann ziehen.

Im Unterschied zum Süßwasser-Inlandeis variiert die Menge des Meereises an den Polen während eines Jahres erheblich. Im Jahresmittel beträgt die vereiste Meeresfläche rund 22 Millionen km², was einem Anteil von rund 6,5 % der Weltmeere entspricht. Meerwasser hat einen durchschnittlichen Salzgehalt von 35 Promille, was den Gefrierpunkt herabsetzt: Bei −10 °C dauert es etwa 12,5 Tage, um eine Eisdicke von 40 cm zu erreichen. Erst bei einer Temperatur von −50 °C über einen Zeitraum von zwei bis drei Monaten erreicht das Meereis eine Mächtigkeit von zwei Metern. Allerdings erschwert die ständige Dünung die Bildung einer geschlossenen Eisdecke. So bilden sich wie hier in der Arktis oft riesige Flächen aus Eisschollen. Keine Formation ist identisch mit einer zweiten, kein Anblick gleicht dem anderen.

POLARE WELTEN 9

Arktis – Farbkleckse im ewigen Weiß
Herbststimmung im grönländischen Harefjord: Dieser zum größten Fjordsystem der Welt gehörende Seitenfjord des Scoresbysunds wurde nach den vielen dort lebenden Polarhasen (englisch: arctic hare) benannt. Nach einem kurzen, kühlen Sommer zeigen sich die Moose, Flechten und Zwergsträucher der Tundra in herbstlich leuchtenden Farben **(großes Bild)**, bevor der Schnee des langen arktischen Winters die Landschaft wieder bedeckt.

Die Kürze des arktischen Sommers hemmt nicht nur das Wachstum der Pflanzen, sondern auch deren Verrottung. Etwa ein Drittel des weltweit gespeicherten organischen Kohlenstoffs lagert daher in den arktischen Permafrostböden.

Seit 1980 sind die Temperaturen an der Oberfläche der Permafrostböden um etwa drei Grad Celsius gestiegen, so dass die Böden tiefer auftauen als in der Vergangenheit. In der Folge nimmt die biologische Aktivität von Mikroorganismen zu, die den Kohlenstoff in das Treibhausgas Methan umwandeln. Die betroffenen Flächen sind riesig: Gut ein Fünftel der festen Landfläche auf der Nordhalbkugel sind Permafrostböden.

Ganz oben: Farbenfrohe Häuser im westgrönländischen Ort Uummannaq. Die Eisberge sind im Fjordeis eingefroren und werden erst weiterziehen, wenn im Sommer die Eisdecke wieder getaut ist.

Oben: Die subpolaren Tundren wie zum Beispiel in Sibirien und Alaska sind Hunderte von Metern tief gefroren. Nur während des zweimonatigen Sommers wachsen an der aufgetauten Oberfläche hauptsächlich Moose, Flechten und Gräser, so dass sich hier ein ganz neuer Anblick bietet. Das Tauwasser kann nicht in den gefrorenen und damit wasserundurchlässigen Boden einsickern, sondern sammelt sich in riesigen Flachseen.

POLARE WELTEN 11

Bizarre Eisformationen

Die riesigen Eisbrocken, die in der Antarktis von Gletschern oder Schelfeisgebieten abbrechen, bestehen gänzlich aus Süßwasser. Die meisten dieser Eisberge sind nach drei Jahren komplett abgetaut, einige Riesenexemplare überdauern jedoch bis zu 30 Jahre. Rund 90 % eines Eisbergs liegen unsichtbar unterhalb der Wasseroberfläche. Im Verlauf ihres Daseins taut der über dem Wasser befindliche Teil der Eisberge durch Sonneneinstrahlung unregelmäßig ab. Infolge der Tauprozesse kippen Eisberge durch Schwerpunktverlagerungen und verändern so kontinuierlich ihr Erscheinungsbild. Wellen nagen im Bereich der Wasseroberfläche am Eis und es entstehen die fantastischsten Gebilde. Von spitzen Nadeln, die sich in den Himmel recken, bis zu gewaltigen Toren, die in den großen Tafeleisbergen der Antarktis entstehen, sind alle denkbaren Formen möglich **(Bild links und kleines Bild oben)**.

Rechts: Es kommt gar nicht so selten vor, dass Eisberge in flachen Gebieten auf Grund laufen und erst dann wieder freikommen, wenn sie ein Stück weiter abgetaut sind. Im Bereich des Shackleton-Schelfeises im australischen Sektor der Antarktis laufen immer wieder riesige Tafeleisberge auf Grund. Diese liegen als sogenannte Eisinseln oder Pobedas fast 20 Jahre an einer Stelle fest, bis sie soweit abgetaut sind, dass sie auseinanderbrechen und schließlich wegdriften.

POLARE WELTEN 13

Antarktis – Wüstenklima in klirrender Kälte

Die Antarktis zählt zu den trockensten Regionen der Erde. Hier können nur Spezialisten wie die Kaiserpinguine dauerhaft überleben. In der Atka-Bucht lebt eine bis zu 7000 Tiere zählende Brutkolonie dieser Pinguinart **(großes Bild)**.

Unten: In der Ostantarktis gibt es rund ein Dutzend Trockentäler. Entstanden sind diese weitgehend schneefreien Täler, weil das Transantarktische Gebirge sie von dem Kontinentaleis der Ostantarktis abschirmt. Die über die Eisgebiete peitschenden Winde können keine Feuchtigkeit über die hohe Bergkette transportieren.

Ganz unten: Feuer und Eis – In den subpolaren Gebieten der Antarktis trifft die Antarktische Platte auf andere Kontinentalplatten. Vulkane zeigen diese Aktivitäten tief im Erdinnern an. Auf der Montaguinsel kam es in den letzten Jahren zu mehreren Ausbrüchen des Vulkans Mount Belinda.

14 POLARE WELTEN

ARKTIS UND ANTARKTIS – GEOGRAFIE ZWEIER UNGLEICHER SCHWESTERN

Sie sind weiß, kalt, unwirtlich und zählen zu den unbewohntesten Regionen der Erde. Die Arktis im Norden und die Antarktis im Süden scheinen auf den ersten Blick viele Gemeinsamkeiten zu haben. Aber der Schein trügt: Unter dem Eis verbergen sich geografische Profile, die unterschiedlicher kaum sein können. Während die Antarktis eine feste Landmasse ist, die vom Polarmeer umgeben ist, verhält es sich bei der Arktis genau umgekehrt. Die Eismassen um das Gebiet des Nordpols schwimmen auf Wasser, sie sind jedoch umgeben von Festlandmassen. Diese zählen ebenfalls noch zur Arktis: der Kanadisch-Grönländische Schild, der Baltisch-Skandinavische Schild und Angaria, das westliche Sibirien. Die Antarktis hingegen liegt gänzlich isoliert an der Südspitze unseres Planeten.

Das Nordpolarmeer besteht aus zwei großen Becken, dem Kanadabecken und dem Eurasischen Becken, getrennt durch den transpolaren Lomonossowrücken. Die Gebiete der alten Kontinentalschilde sind flach und eben, in ihren Randbereichen erheben sich Gebirge, so in Alaska, auf Baffinland, Grönland und Spitzbergen sowie in Sibirien mit dem Ural. Gletscher und Frost haben das Gesicht der Landschaft geprägt. So sind Eis- und Frostschuttwüsten die vorherrschenden Landschaftsformen. Sie nehmen weltweit 2,2 Millionen km² ein und haben ihre größte Geschlossenheit im über 3300 m mächtigen Inlandeis Grönlands. Hier liegen neun Prozent des globalen Eisvolumens.

Kanadas Norden kommt nicht zur Ruhe: Am 27. Juli 2008 brachen größere Eisstücke vom Ward-Hunt-Schelfeis vor der Ellesmereinsel ab.

Die Arktis häutet sich

Wie veränderbar die Küstenlinien der nördlichen Polarregionen sind, zeigte sich bei einem der größten Eisabbrüche in der Geschichte der Arktisforschung. Im Dezember 2005 brach eine gewaltige Eisscholle vor der kanadischen Ellesmereinsel ab. Beobachter von der Universität von Ottawa (Kanada) sprachen von der größten Veränderung des arktischen Eises seit 25 Jahren. Der losgerissene Eiskörper war etwa 66 km² groß – das entspricht den Ausmaßen Manhattans – und löste sich von der arktischen Insel, die etwa 800 km vom Nordpol entfernt liegt. Wegen der abgeschiedenen Lage der Region wurde die neue Treibeisfläche allerdings erst nach einigen Wochen mittels Satellitenbildern entdeckt. Die analysierten Bilder zeigten in einer Abfolge zuerst den 15 km langen Riss im Eis und dann anschließend das Treibeis, das sich innerhalb von nur einer Stunde um einen Kilometer von der Küste entfernte. Diese schwimmende Eisinsel gefährdete im Sommer 2006 den Schiffsverkehr und die Ölförderung in der Beaufortsee. Die kanadischen Forscher vermuten den Klimawandel als Ursache des Abbruchs.

Eiswüsten auf offenem Meer – die Arktis

Das Eis der Arktis hat zum größten Teil einen anderen Ursprung als die Vereisungen in der Antarktis. Abgesehen vom großen Eispanzer Grönlands und den Gletschern Spitzbergens existiert arktisches Eis nur in Form von Meereis, das eine maximale Dicke von drei Metern erreicht. Darüber hinaus wird es instabil und zerbricht. Im Winter der Nordhemisphäre dehnt sich das arktische Eis räumlich stark aus und umfasst dann etwa 16 Millionen km² Fläche, was ungefähr einer Verdoppelung gegenüber dem Sommer entspricht.

Im Zentrum der Arktis, dem engeren Bereich um den Nordpol, liegt das 14,3 Millionen km² große und stellenweise über 5000 m tiefe Meeresbecken des Nordpolarmeeres mit seinen vielgestaltigen Inseln. Bis zu den Polarkreisen reicht diese nördliche Polarzone der Erde. Ihre geografische Grenze wird zum einen durch die Ausdehnung des Eises im Sommer und Winter sowie zum anderen durch die Beleuchtungsverhältnisse in der Polarnacht gemessen. Im Norden wie im Süden der Erde reicht jene Zone mit polarem Tag-Nacht-Verhältnis bis zum Polarkreis. Daran schließt sich die arktische Zone an. Sie umfasst zwar noch die Waldgebiete Nordskandinaviens, das südliche Grönland aber gehört nicht mehr zu diesem geografischen Raum. Als weiteres Merkmal zur Abgrenzung des arktischen Gebiets auf der Nordhalbkugel dient die Baumgrenze. Hier gilt die Regel: Wo keine Wälder mehr wachsen, beginnt die Arktis. Zwar unterscheiden Geografen Sommer und Winter in der Arktis und Antarktis, doch sind diese Begriffe anders zu verstehen, als es in den mittleren Breiten üblich ist. Die wechselnden Strahlungsverhältnisse bilden Lichtjahreszeiten: In den Polargebieten sind die Jahreszeiten nicht durch unterschiedliche Temperaturen, sondern durch helle oder dunkle Zeitphasen charakterisiert. Kalt oder kühl bleibt es auch in den Sommermonaten: Am Nordpol herrscht eine Jahresdurchschnittstemperatur von −18 °C.

Plateauhochgebirge aus Eis

Das kalte Klima prägt die Landschaft. Charakteristische Merkmale der Arktis und der Antarktis sind Gletscher, die bis zum Meeresniveau vorstoßen, Meereis, dauernd gefrorener Untergrund (Permafrost), Tundra, Frostschutt und Eiswüste. Wie weit diese Landschaftsformen in der Arktis auf den umgebenden Kontinenten nach Süden reichen, hängt von vielen Faktoren ab und führt zu bisweilen erstaunlichen Auswüchsen. So türmt sich Eis im grönländischen Inland zu einem bis über 3000 m hohen Plateauhochgebirge auf und reicht stellenweise bis unter den Meeresspiegel. Trotzdem hat die Arktis in weiten Teilen nur geringe jährliche Niederschläge, oft unter 500 mm, die hauptsächlich als Schnee fallen. Dieser bleibt über lange Zeit erhalten: An einem Bohrkern aus Camp Century auf dem Inlandeis in Nordwestgrönland konnte mehr als 100 000 Jahre altes Eis nachgewiesen werden.

Küste Westgrönlands im Sommer meist eisfrei

Durch die breite Pforte des Nordatlantiks bringt der Golfstrom als warme Meeresströmung eine Wärmeanomalie weit nach Norden. Während die mittleren Temperaturen auf Höhe des 70. Breitenkreises bei −10,7 °C liegen, herrschen in vergleichbarer Breitenlage an der norwegischen Westküste bei Tromsö Jahresdurchschnittstemperaturen von +2,9 °C. Die Meereisgrenzen werden dadurch jahreszeitlich bis nörd-

POLARE WELTEN 17

ARKTIS

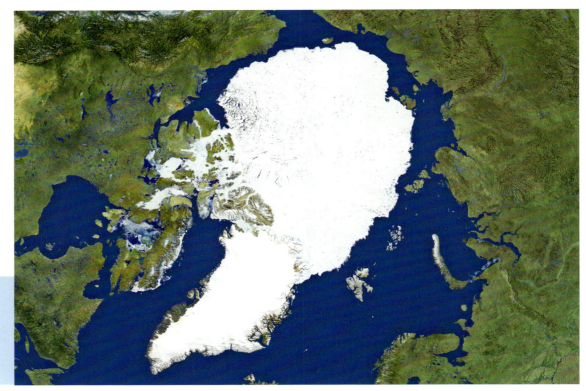

Meer innen, Land außen: Das überwiegend von Eis bedeckte Nordpolarmeer der Arktis wird von Landmassen umschlossen. Teile des Festlandes der Arktis-Anrainer liegen noch innerhalb des Nördlichen Polarkreises und zählen damit offiziell zum Polargebiet der Arktis. Beide Satellitenbilder repräsentieren die durchschnittliche Eisbedeckung des Zeitraums 1996 bis 2001.

ANTARKTIS

Land innen, Meer außen: Die Antarktis ist ein eigener Kontinent, der ringsum von den südlichen Ausläufern des Atlantiks, Pazifiks und Indischen Ozeans umgeben ist. Der Bereich außerhalb des Südlichen Polarkreises wird bis zum 50. Breitengrad ebenfalls der Antarktis zugerechnet und häufig als subantarktisch bezeichnet. Hier befinden sich Inseln wie Südgeorgien oder die Südshetlandinseln.

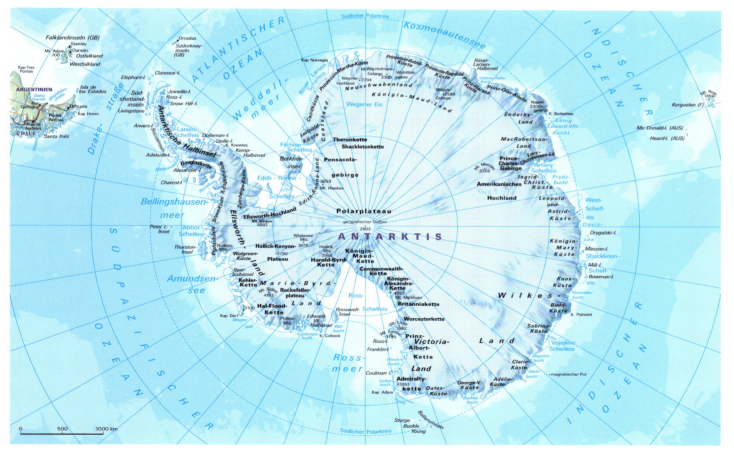

POLARE WELTEN **19**

Eisstücke im Südpazifischen Ozean: Das Eis der Antarktis kann nach Norden bis zum 50. Breitengrad, teilweise auch darüber hinaus treiben, bevor es geschmolzen ist.

lich von Spitzbergen gedrängt. Die kalte Gegenströmung des Ostgrönlandstroms bewegt das Treibeis mit einer Maximalausdehnung von elf bis 15 Millionen km² weit nach Süden bis 40° Nord, wo Eisberge die Schifffahrtslinien zwischen Europa und Amerika gefährden können.

Die Ostküste Grönlands bleibt auch im Sommer meist von Treibeis umschlossen. An der Westküste, wo die größten Siedlungen der Grönländer liegen, werden die Küstengewässer und die meisten Fjorde bis nördlich von Thule eisfrei. Ein Strömungswirbel in der Beaufortsee vor der Küste der Mackenzie-Mündung und Alaskas hält die ganzjährige Packeisbedeckung in driftender Bewegung. Hier wie vor der Nordküste Sibiriens öffen sich schmale »Polynyas«. Das sind Bereiche offenen Wassers im Meereis. Diese geben die Nordwestpassage durch das Inselgewirr der kanadischen Arktis bzw. die Nordostpassage zu den sibirischen Häfen frei.

Die Meereisverhältnisse wechseln stark von Jahr zu Jahr. Das Meereis schiebt sich als Packeis stellenweise bis zu 25 m Stärke zusammen. Die wechselnden Meereisbedingungen der Arktis werden heute durch Wettersatelliten registriert. Infolge der globalen Klimaerwärmung ist die Meereisausdehnung im September 2007 auf ein Rekordminimum von 4,13 Millionen km² gesunken. Dabei handelt es sich nach Auffassung von Klimaforschern nicht etwa um ein einzelnes Extremjahr, sondern um einen langfristigen Trend. Im September 2008 lag die minimale Meereisausdehnung mit 4,52 Millionen km² zwar wieder etwas höher, der Kernbereich des älteren Eises schrumpfte jedoch weiter. Den Großteil des Meereisschildes bildete das im Winter zuvor gebildete einjährige Eis.

Bodenschätze sind in subpolarer Lage sowohl auf den Kontinenten als auch im Bereich der alten Schildstrukturen und der geologisch jungen Sedimentflächen besonders reich vorhanden. Deshalb werden viele industriell bedeutsame Rohstoffe wie Kohle, Erdöl, Erdgas, Erze und Edelmetalle wie Gold und Platin in zunehmenden Mengen unter den schwierigen polaren bis subpolaren Bedingungen abgebaut.

Eiswüsten auf dem Kontinent – die Antarktis

Die Antarktis gilt als der lebensfeindlichste Kontinent der Erde. Nirgendwo sonst herrschen für Menschen, Tiere und Pflanzen so harte Klimabedingungen, keine andere Landmasse ist so unwegsam und schlecht zu erreichen. Bis zu den ersten Regionen, in denen es größere Siedlungen und eine ausgebaute Infrastruktur gibt, ist es ein weiter Weg: Das Kap der Guten Hoffnung liegt 3600 km entfernt, Neuseeland 2200 km und das südliche Ende Südamerikas, Kap Hoorn, immerhin noch 1000 km. Dazwischen erstreckt sich eine eiskalte Tiefsee mit ständig wehenden starken Winden.

Die geografische Abgrenzung der Antarktis ist einfacher als jene der Arktis, bei der verschiedene Kriterien wie die Baumgrenze oder die Verbreitung des Permafrosts ausschlaggebend sind. Wie groß die Antarktis wirklich ist, lässt sich nicht genau sagen. Ihre politischen Grenzen reichen bis zum 60. Breitengrad. Dieses Gebiet umfasst 52 Millionen km², die fünffache Fläche der USA. Geografen stecken den Rand der Antarktis jedoch erst am 50. Breitengrad ab, denn im Winter wächst das Eis und die Antarktis dehnt sich aus. Als weitere Grenzlinie nach Norden gilt die antarktische Konvergenz, eine schmale Zone, an der die Wassermassen des antarktischen Oberflächenwassers absinken und das subantarktische Zwischenwasser der Ozeane speisen. Darüber hinaus fließt antarktisches Wasser bodennah bis in den Nordatlantik und ist von großer Bedeutung für die Entwicklung der Meeresströmungen im Bereich des Golfstroms. An der Konvergenz ergeben sich auf engem Raum große Temperaturunterschiede, das Wasser wird auf wenigen Kilometern bis zu sechs Grad Celsius wärmer oder kälter.

Eisberge auf großer Wanderschaft

Dem Nordpolarmeer schieben die umliegenden Kontinente einen natürlichen Riegel vor, im Winter kann sich das Meereis nur begrenzt nach Süden ausdehnen. Die Durchgänge im Bereich der Beringstraße und zwischen Nordkanada und Grönland sind eng, im Nordatlantik lässt der warme Golfstrom ein Vordringen des Eises weit über Spitzbergen hinaus kaum zu.

Leichter als die Arktis ist die Antarktis geografisch abgrenzbar, auch wenn sich ihre Meereisfläche verändert.

Die Antarktis wächst noch immer

Das Ross-Schelfeis ist eine gigantische, mehrere Hundert Meter mächtige Eisplatte, die zur Hälfte das Rossmeer in der Antarktis bedeckt. 2002 entdeckten Geologen, dass dieser Riese in der Westantarktis wieder wächst. Um 26,8 Gigatonnen – eine Gigatonne entspricht einer Milliarde Tonnen – hatte das Eisschelf innerhalb eines Jahres zugenommen. Bis zu diesem Zeitpunkt war das Eis permanent zurückgegangen. Die meisten Wissenschaftler sind sich einig, dass die Eismassen im Westen der Antarktis in den letzten 10 000 Jahren geschwunden sind. Die Befunde am Ross-Schelfeis deuten nun darauf hin, dass sich dieser Trend in manchen Fällen umkehren könnte.

Um die Antarktis kann sich jedoch das Meereis mit dem beginnenden Winter ungehindert ausbreiten und zum Ende des Winters eine Fläche von ca. 19 Millionen km² bedecken – bis zu vier Millionen Quadratkilometer mehr als im Sommer. Die antarktischen Gewässer sind von diesem ständigen Wechsel zwischen offenem Wasser, Treibeis und Packeis geprägt. Zu Beginn der Eisbildung kann die Eisfläche täglich um ca. 100 00 km² zunehmen. Während das Packeis die antarktische Konvergenzzone nicht erreicht, können Eisberge große Strecken zurücklegen und im Südatlantik bis auf die geografische Breite von 35° Süd driften. 1894 wurde ein Eisberg sogar auf der Höhe von Rio de Janeiro gesichtet (26°30 Süd).

Höchster Kontinent der Welt

Zwar gilt für die südliche Polarregion, was auch in der Arktis der Fall ist: Den größten Teil ihrer Fläche bedeckt das Meer. Doch im Zentrum des Gebietes liegt der Antarktische Kontinent mit 12,4 Millionen km² Fläche, der zu 98 % mit Eis bedeckt ist.

Meeresströmungen und Driften bis zu einer Mächtigkeit von 25 m Höhe aufgepresst werden kann, bestehen. So entsteht das typische Landschaftsbild: ein Relief aus Schollen, Eisbarrieren, Wasserpalten und offenen Meeresflächen, das dem der Arktis ähnelt.

Nur wenige Regionen des Kontinents sind gelegentlich eisfrei. Dazu zählen das 3000 km lange und über 3000 m hohe Transantarktische Gebirge, die gebirgigen Küsten der Antarktischen Halbinsel sowie mehrere Gipfel, die über das Inlandeis hinausragen. Auch einige Küstenabschnitte zeigen sich bisweilen ohne Vereisung. Insgesamt ragen zwei bis drei Prozent der antarktischen Landmasse zeitweilig aus dem Eis heraus, eine Fläche, die immerhin noch größer ist als Deutschland.

Während die Ostantarktis eine große, zusammenhängende Landmasse ist, der sogenannte Ostantarktische Schild, liegt im Westen der Antarktis eine Gruppe von Inseln, die durch das über sie getürmte Eis zusammengehalten wird. Im Boden des Eislandes und in den umliegenden Meeresregionen sind reiche Vorkommen an Bodenschätzen entdeckt worden, z.B. ausgiebige Manganknollenfelder in 1000 bis 5000 m Meerestiefe.

Höhepunkt jeder Reise in die Antarktis: Der Lemaire-Kanal zwischen Antarktischer Halbinsel und Booth-Insel zeichnet sich durch spiegelglatte Wasserflächen aus.

Dieses Inlandeis bricht ebenfalls einen Rekord: Es zählt zu den höchsten Vereisungen der Erde. Die maximale Dicke des antarktischen Eisschildes wird mit knapp fünf Kilometern angegeben. Die durchschnittliche Höhe der Antarktis beträgt dadurch über 2000 m. Zum Vergleich: Andere Kontinente liegen im Durchschnitt nur etwa 730 m über dem Meeresspiegel. Die höchste Erhebung in der Antarktis ist das Massiv um den Mount Vinson im Transantarktischen Gebirge mit 4897 m an der Wurzel des Filchner-Ronne-Schelfeises.

Die Meereiswüsten um die Antarktis können sowohl aus Treibeisfeldern mit einjährigem Packeis, das bis zu drei Meter dick ist, als auch aus Packeis, das durch

POLARE WELTEN

FANTASTISCHE FARBENSPIELE – DIE BESONDERHEITEN DER POLAREN ATMOSPHÄRE

Spektakuläres Naturschauspiel: Vielfarbig leuchtende Polare Stratosphärenwolken (Polar Stratospheric Clouds – PSCs) entstehen nur bei sehr tiefen Temperaturen unterhalb von −78 °C. Diese Temperaturen werden auf der Nordhalbkugel erst in der Stratosphäre in Höhen zwischen 20 und 30 km erreicht. Auf der Südhalbkugel können sie – aufgrund günstigerer Luftschichtungen über dem antarktischen Kontinent – bereits ab 15 km Höhe auftreten.

Aufgrund von Vulkanausbrüchen existieren in der Stratosphäre Schichten mit Schwebeteilchen aus Schwefelsäure. Wasser ist in diesen auch Aerosol genannten Schichten jedoch kaum enthalten. Daher bestehen die dort gebildeten Wolken nicht aus Wasserdampf, sondern aus Schwefelsäurekristallen, an deren Oberfläche sich Wasser und Salpetersäure ablagern kann. Diese Eispartikel sind nur rund einen Mikrometer groß und brechen auftreffendes Sonnenlicht, was wunderschön schillernde Perlmuttfarben erzeugt.

Da sich die Stratosphärenwolken in sehr großen Höhen bilden, werden sie auch dann noch angestrahlt, wenn die Sonne bereits einige Zeit untergegangen ist und der umgebende Himmel schon relativ dunkel ist, was den farbenprächtigen Effekt noch verstärkt. Sinkt die Temperatur in den Luftschichten unter −85 °C, kann auch Wasser an den bestehenden Eiskristallen kondensieren und ein neuer Typ von PSCs (Typ II) entsteht.

POLARE WELTEN 23

Kleine Bilder: Polarlichter können in verschiedenen Farben erscheinen. Die Farbe ist abhängig von Art und Ort des Zusammenpralls zwischen Sonnenwindteilchen und Teilchen der Erdatmosphäre. Treffen Sonnenteilchen auf Stickstoffatome, entsteht violettblaues Licht. Eine Kollision mit Sauerstoffteilchen führt in Höhen von 200 km und darüber zur Freisetzung von rotem Licht, in 100 km Höhe entsteht grünes Licht.

Faszination Polarlicht

Wenn der Nachthimmel an den Polen in bunte Farben gehüllt wird und ein wahrer Feuerzauber den Horizont überzieht, dann ist man Zeuge eines einzigartigen Naturschauspiels: des Polarlichts **(großes Bild)**. So spektakulär dieses Ereignis auf den Beobachter wirkt, so nüchtern ist seine wissenschaftliche Erklärung.

Die Sonne gibt aus ihren äußeren Schichten in schwankender Menge ein Gasgemisch ab, die sogenannten Sonnenwinde. Diese Sonnenwinde bestehen hauptsächlich aus positiv geladenen Teilchen (Protonen), negativ geladenen Teilchen (Elektronen) und Heliumkernen. Die geladenen Teilchen werden entlang der Feldlinien des Magnetfeldes der Erde zu den geomagnetischen Polen geleitet. An den Polen stehen die Magnetfeldlinien senkrecht zur Erdoberfläche, so dass die Sonnenteilchen in die Erdatmosphäre eindringen können.

Treffen die Teilchen der Sonnenwinde auf Teilchen der Erdatmosphäre, bewirkt der Aufprall eines Teilchens bei dem anderen Teilchen eine Anregung entsprechend einer geänderten Elektronenkonfiguration. Schon nach kurzer Zeit jedoch erfolgt der Rückfall auf die vorherige Energiestufe und die überzählige Energie wird in Form von Licht freigesetzt. Es kommt zum farbenprächtigen Leuchten des Polarlichts. Das Polarlicht des Südens wird als »Aurora australis« bezeichnet, das Nordlicht hingegen als »Aurora borealis«.

24 POLARE WELTEN

Rechts: Polarlicht einmal anders: Die Besatzung des US-amerikanischen Space Shuttles »Endeavour« beobachtet das Auftreffen von Sonnenwind auf die Erdatmosphäre am Nordpol. Die dabei freiwerdende Energie erzeugt das charakteristische Leuchten.

Ungetrübter Blick ins All

Der besonders klare Himmel in den Polargebieten ermöglicht Beobachtungen des Weltalls mit bloßem Auge. Einerseits ist die Luft hier wesentlich klarer, andererseits fehlt es an von Menschen verursachter »Lichtverschmutzung«. Seeleute haben sich den klaren Nachthimmel auf der Nordhalbkugel schon früh zunutze gemacht, indem sie sich nachts am Nord- bzw. Polarstern orientiert haben. Auf dieser Langzeitaufnahme über sechs Stunden erkennt man, wie die Sterne um den fast still am Himmelspol stehenden Nordstern kreisen **(Bild oben)**. Nimmt man es ganz genau, »pendelt« auch der Polarstern von der Erde aus gesehen: Aufgrund der leicht taumelnden Erdachse wird sich der Nordstern in etwa 100 Jahren der Erdrotationsachse auf 0,5 Grad nähern und sich in den kommenden rund 13 000 Jahren wieder von ihr entfernen.

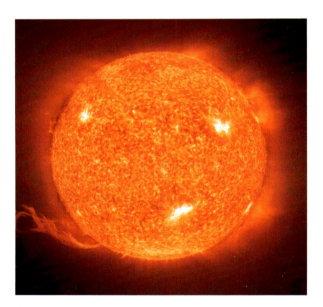

Oben: Etwa eine Million Tonnen elektrisch geladener Teilchen schleudert die Sonne pro Sekunde in Form von Sonnenwinden ins Weltall. Diese Sonnenwinde erreichen Geschwindigkeiten von drei Millionen Stundenkilometer und lösen beim Auftreffen auf die Erdatmosphäre die Polarlichter aus.

VON HELL UND DUNKEL BESTIMMT – DAS POLARE KLIMA

Die Polargebiete sind die kältesten, trockensten, windigsten und lebensfeindlichsten Regionen der Erde. Eismassen von unvorstellbaren Ausmaßen bedecken die Pole. Im Winter, während der Polarnacht, scheint die Sonne nie, lediglich während des kurzen polaren Sommers steigen die Temperaturen über den Gefrierpunkt. An diesen in den Polargebieten unverrückbaren meteorologischen Gegebenheiten hat sich auch in den Zeiten des fortschreitenden Klimawandels nichts geändert. Doch wie unterscheidet sich das Klima auf den riesigen Eisflächen im äußersten Norden und Süden unserer Erde? Und: Welche Gemeinsamkeiten gibt es zwischen der Arktis und der Antarktis?

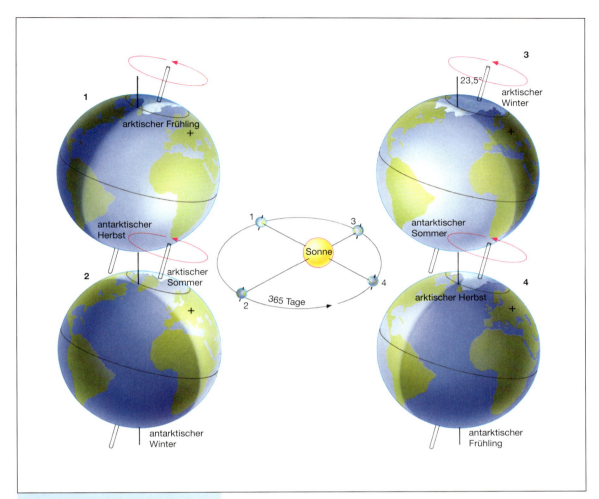

Die Arktis erwacht

Mitte Februar steigt in Longyearbyen auf 78° nördlicher Breite nach einer fast viermonatigen Polarnacht am Rande des arktischen Eismeers die Sonne das erste Mal seit Ende Oktober wieder über den Horizont. Noch steht sie nur für wenige Minuten am Firmament und die Tage des arktischen Frühlings sind entsprechend kurz, doch die Morgen- und Abenddämmerungen dauern jeweils mehrere Stunden und erleuchten den Himmel mit beeindruckenden Lichtspielen. In allen erdenklichen Blautönen strahlt das Licht in der Übergangszeit. Während des arktischen Winters wurde es zwar nie richtig hell, doch absolute Dunkelheit herrscht in den Polargebieten nur dann, wenn der Himmel verhangen ist und weder Mond noch Sterne zu sehen sind, deren Licht von den Eisflächen und Schneefeldern reflektiert wird. Mitte April wird die Sonne das letzte Mal untergehen. Der dann begonnene Polartag wird bis in den August andauern und es wird rund um die Uhr hell sein.

Mit dem Licht und den steigenden Temperaturen kehrt auch das Leben in die Arktis zurück und die Vegetation auf den kargen Permafrostböden Spitzbergens und den ausgedehnten Tundren Sibiriens, Nordamerikas und Grönlands erwacht. Anders als in den Packeiswüsten der Polregion, wo die Lufttemperaturen im Jahresmittel selten über den Gefrierpunkt steigen, überwintern hier verschiedene Blütenpflanzen, Moose und Gräser in gefrorenem Zustand unter der winterlichen Schneedecke. Die Temperaturen am Anfang des arktischen Sommers sind in den Küstengebieten recht mild, zwischen minus zehn und plus ein Grad Celsius, je nach Eis- und Schneelage. An den Küsten tritt im Verlauf des Sommers häufig dichter Eisnebel auf und die Temperaturen steigen mancherorts bis auf zweistellige Werte an. Per Definition ist dies die Grenze der südlichsten Ausdehnung der Arktis, d.h. die Gegenden, in denen die mittlere Temperatur im Juli maximal plus zehn Grad Celsius beträgt, werden noch der Arktis zugerechnet (Juliisotherme).

Der Sommer klingt aus

Ab August scheint in der Arktis die Mitternachtssonne nicht mehr und der arktische Herbst vertreibt mit nasskaltem Wetter und langen, tiefen Dämmerungen mit wunderschönen sanften Farbspielen das grelle Licht

Die Jahreszeiten in den Polargebieten:
Hauptursache für die extreme Kälte an den Polen ist die Neigung der Erdachse, aus der sich die Phänomene Mitternachtssonne und Polarnacht ableiten. Durch die Neigung der Erdachse um etwa 23,5° gegenüber der Sonnenumlaufbahn der Erde liegt im antarktischen Winter **(2)** der Südpol unterhalb des Erdhorizontes, also im Schatten der Erde, während der Nordpol für ein halbes Jahr vollständig von der Sonne beschienen wird. Im antarktischen Sommer **(3)** ist es genau umgekehrt. Dazwischen durchlaufen die Polargebiete den Zyklus der übrigen Jahreszeiten **(1 und 4)**. In den Polregionen geht daher die Sonne nur einmal im Jahr auf und auch nur einmal wieder unter. Die Dauer des Polartages nimmt mit steigender Entfernung von den Polen ab und am entsprechenden Polarkreis scheint die Mitternachtssonne nur für einen Tag, während am gegenüberliegenden Polarkreis genau an diesem Tag die Sonne nicht über den Horizont steigen wird.

Es war Ende September und der Gast verabschiedete sich mit den besten Wünschen für den nahenden Winter vom Personal seiner Pension auf Spitzbergen. Die Winter in der Arktis sind hart und die Aussicht auf monatelange Dunkelheit erscheint selbst einem nicht gerade sonnenverwöhnten Mitteleuropäer nur schwer erträglich. Erstaunlicherweise aber strahlte Solveig von der Rezeption ihr schönstes Lächeln und erklärte zum Abschied: »Jetzt kommt die wunderbarste Zeit des Jahres! Du musst unbedingt Mitte Februar wiederkommen, dann steigt nach den endlosen Tagen der Polarnacht die Sonne das erste Mal wieder über den Horizont und der Himmel leuchtet während der Dämmerung in allen denkbaren Blautönen. Die blauen Dämmerstunden dauern dann fast eine Ewigkeit und die Lichtstimmungen sind so überwältigend, dass man endlos in den Himmel schauen möchte.« Die junge Schwedin sprudelte über vor Begeisterung. Eigentlich wollte sie nur einmal die endlose Dunkelheit des arktischen Winters erleben und ist nach ihrem Sommerjob einfach den ganzen Winter dort geblieben. Mittlerweile erlebt sie die Polarnacht schon zum vierten Mal, so sehr ist sie den fantastischen Lichtspielen der Arktis verfallen.

POLARE WELTEN 29

des Sommers. Der Wintereinbruch erfolgt spätestens im Oktober, wenn die Polarnacht anbricht und es kaum noch hell wird. Starke und energische Schneestürme toben dann mit Windstärken von weit über 100 km/h in der nordamerikanischen Arktis. Die Ausläufer dieser Stürme sorgen dann als sogenannte Blizzards gelegentlich im Nordosten der USA für ein Wetterchaos.

In der Arktis ist nicht, wie man vermuten könnte, der nördlichste Punkt gleichzeitig auch der kälteste Ort. Die Sommertemperaturen auf 90° nördlicher Breite liegen um den Gefrierpunkt. Da die nächste Wetterstation zum Nordpol rd. 1200 km entfernt ist, können Wissenschaftler die Wintertemperaturen dort nur schätzen. Werte um −40 °C gelten als realistisch. Die konstant tiefsten Temperaturen der Arktis werden regelmäßig im Januar im nordöstlichen Sibirien gemessen. In Oimjakon etwa lag die kälteste Temperatur bei knapp −78 °C. In der amerikanischen Arktis liegen die tiefsten Temperaturen im langjährigen Mittel deutlich über den in Sibirien gemessenen Werten. In Kanada wurde mit −63 °C die bislang tiefste Temperatur in Snag im Yukon Territory gemessen (siehe Kasten). Grönland nimmt aufgrund von warmen Meeresströmungen eine Sonderrolle ein: Während auf der grönländischen Eiskappe im Winter eine Durchschnittstemperatur von −33 °C herrscht, misst man im gleichen Zeitraum an der Küste eine Durchschnittstemperatur von minus sieben Grad Celsius. Im Sommer hingegen liegen die durchschnittlichen Temperaturen zwischen plus drei und plus zehn Grad Celsius, jedoch fast überall über dem Gefrierpunkt. Einzige Ausnahme ist das Inland von Grönland, hier bleibt es ganzjährig unter Null.

Phänomen der Arktis – Nebel aus Eiskristallen

Eine beeindruckende Beobachtung in der Arktis sind die häufig auftretenden Eisnebel. Während »normaler« Nebel aus fein verteilten, kleinen Wassertröpfchen besteht, die durch Kondensation von wassergesättigter Luft entstehen können, unterscheidet sich Eisnebel dadurch, dass hier keine Wassertröpfchen in der Luft schweben, sondern kleine Eiskristalle. Diese Kristalle entstehen, wenn bei sehr kalten Temperaturen Wasserdampf resublimiert, d.h. dass der Wasserdampf die Zwischenschritte der Kondensation und des anschließenden Erstarrens überspringt und vom gasförmigen direkt in den festen Zustand wechselt. Die Entstehungswahrscheinlichkeit steigt, je kälter es ist und sofern Wasserdampf vorhanden ist. Da für diesen Prozess keine großen Wasserdampfmengen benötigt werden, sind neben Wasserflächen auch vulkanische Aktivitäten oder sogar Tierherden als Auslöser von Eisnebelbänken denkbar.

Zyklone in der Kältezone

Eine Besonderheit in beiden Polarregionen sind Wirbelstürme, die sich sehr rasch bilden, dafür aber eine relativ kurze Lebensdauer von ein bis zwei Tagen aufweisen. Auf Satellitenbildern ähneln sie mit ihren spiralförmigen Bändern den Hurrikanen, die regelmäßig die Karibik und den Südosten der USA heimsuchen. In der Arktis entstehen sie durch den großen Temperaturunterschied zwischen dem warmen Nordatlantischen Ozeanstrom, der nach Norden fließt, und dem südwärts fließenden Ostgrönlandstrom. Als »Polartiefs« transportieren sie an ihrer Ostseite Kaltluft nach Süden. In der Antarktis herrscht über dem Festlandskern ein konstantes Kältehoch, das zwischen 60° und 70° südlicher Breite von einem Tiefdruckgürtel umschlossen ist. Auch hier bilden sich durch das Aufeinanderprallen Zyklone. Besonders ausgeprägt sind beide Phänomene in den jeweiligen polaren Wintermonaten.

Antarktis – Dunkelheit und fahles Mondlicht

Der Herbst legt seinen Schatten auf die Polarregion der Südhalbkugel. Abhängig von der Entfernung zum Südpol werden die Tage sehr schnell kürzer, bis Antarktika in totaler Dunkelheit versinkt. Bei klarem Himmel reflektiert das Weiß von Schnee und Eis den fahlen Mondschein und hüllt die Eiswüste in ein gespenstisch mattes Licht. Die Temperaturen sinken auf lebensfeindliche Werte jenseits unserer Vorstellungskraft. Sogenannte kataba-

Der Ort Tasiilaq in Grönland während des arktischen Winters. Über lange Zeit herrschen Lichtverhältnisse wie in Mitteleuropa während der »blauen Stunde«, der Zeit zwischen Dämmerung und absoluter Dunkelheit.

Entgegen landläufiger Meinung befindet sich der kälteste Punkt der Nordhalbkugel nicht am Nordpol, sondern in Sibirien.

Die Kerbe im Thermometer

Am 3. Februar 1947 wurde in der Wetterstation des Militärflugplatzes in dem kleinen Ort Snag am südwestlichen Zipfel der kanadischen Provinz Yukon Territory die tiefste jemals in Nordamerika amtlich bestätigte Temperatur gemessen: Sie betrug −63 °C (−81,4 °F). Allerdings konnte der Wert in den Morgenstunden des 3. Februar nicht genau abgelesen werden, da die Skala des Thermometers nur bis −80 °F reichte. Die Wissenschaftler in der Zentrale des kanadischen Meteorologischen Dienstes hatten dies vorhergesehen und die Wettermänner im Feld angewiesen, den niedrigsten Wert mit einem Stift zu markieren. Da bei den niedrigen Temperaturen mit keinem Stift eine dauerhafte Markierung anzubringen war, ritzte Stationskommandant Gordon M. Toole mit einer Feile eine Kerbe ins Glas. Die in Toronto erscheinende »Globe and Mail« schrieb, dass in Snag das Quecksilber auf den Rekordwert von −63 °C gesunken sei. In der Euphorie hatten die Journalisten übersehen, dass solch tiefe Temperaturen nur mit Alkohol gefüllte Thermometer anzeigen können, denn Quecksilber gefriert bereits bei −39 °C.

Das Klima im Vergleich: Arktis–Antarktis

Zwar ist es sowohl in der Arktis als auch in der Antarktis ganzjährig kalt, doch sind aufgrund der unterschiedlichen Topografie die beiden Polargebiete nur schwer vergleichbar.

In der Arktis liegen die tiefsten Wintertemperaturen in den kontinentalen Gebieten Sibiriens und Nordamerikas zwischen –40 °C und –68 °C, während sie in der maritimen Packeiszone im Zentrum der Arktis selten unter –40 °C fallen. Im arktischen Sommer steigen die Werte am Nordpol auf ca. Null Grad, während sie in den Tundren Sibiriens vereinzelt sogar auf +30 °C ansteigen können.

In der Antarktis liegen die Tiefstwerte im Zentrum des Kontinents (Winter –40 °C bis –89,2 °C, Sommer –40 °C bis –30 °C). Zu den Rändern hin wird es deutlich wärmer. So werden dort im Winter Werte zwischen –20 °C und –40 °C gemessen. Im Sommer sind Werte um den Gefrierpunkt üblich, aber auch plus neun Grad Celsius sind durchaus möglich.

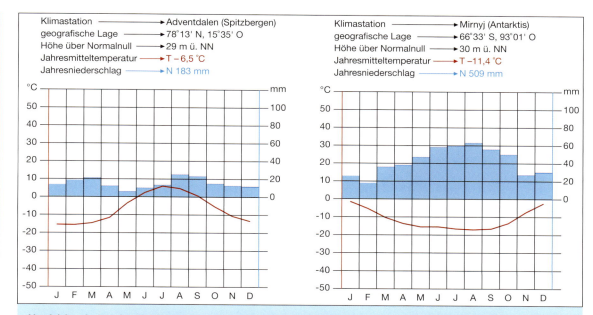

Vergleich zwischen den Eisklimaten der Arktis und der Antarktis: Eisklima herrscht an Orten, an denen die mittlere Temperatur des wärmsten Monats plus zehn Grad Celsius nicht überschreitet. Das arktische Adventdalen zeichnet sich gegenüber dem antarktischen Mirnyj durch eine höhere Jahresmitteltemperatur aus. In Mirnyj, das am Rand Antarktikas liegt, fällt mehr Niederschlag.

tische Winde peitschen mit Orkangeschwindigkeit über die riesigen Schelfeisgebiete in Richtung offene See, wo sie das Meerwasser gefrieren lassen. Diese eisigen, bis zu 320 km/h schnellen Fallwinde entstehen dann, wenn zusätzlich zu den normalen – durch Druckausgleich entstehenden – horizontalen Stürmen sich die Luft über dem antarktischen Eisschild so stark abkühlt, dass sie aufgrund ihrer zunehmenden Dichte zur Erde fällt. Dadurch bekommt der Wind zusätzlich eine vertikale Dimension: er weht diagonal von oben.

Die Antarktis hält in Sachen Unwirtlichkeit viele klimatische Rekorde. Es ist der kälteste, windigste, eisigste und auch der trockenste Kontinent unseres Planeten. Die Jahresdurchschnittstemperatur Antarktikas liegt bei –55 °C. Sie unterliegt jedoch starken saisonalen Schwankungen, da sich die Sonneneinstrahlung mit der wechselnden Tageslänge verändert. Im Winter, wenn während der Polarnacht die Sonne nie über den Horizont klettert, fällt das Thermometer auf dem Festland auf Werte zwischen –40 und –68 °C, wobei es aufgrund der größeren Höhenlage im Osten Antarktikas meist empfindlich kälter wird als im Westteil des Kontinents. Der antarktische Sommer ist hingegen nur kurz. Zwischen Mitte Dezember bis Mitte Januar steigen die Temperaturen im Inneren des Kontinents stellenweise auf vergleichsweise »milde« –30 °C an. Dies wird neben der zunehmenden Sonneneinstrahlung vor allem durch die Tatsache begünstigt, dass die Oberfläche des Eises nach dem Winter etwas dunkler ist und dadurch weniger der eintreffenden Strahlung reflektiert wird. Die mittlere Niederschlagsmenge ist mit unter 40 mm/m² im Jahr so gering, dass die Antarktis per Definition den ariden Gebieten, also den Wüsten der Erde, zugerechnet wird. In manchen Tälern ist seit vielen Hundert Jahren kein Niederschlag mehr gefallen.

Küstenklima deutlich milder

Durch den mäßigenden Einfluss des Meeres sind die Küstenregionen bedeutend wärmer. Sie erhalten auch mehr Niederschlag, der hier nicht nur als Schnee auftritt. Die Jahresniederschlagsmenge beträgt hier zwischen 500 und 1000 mm und entstammt der Meeresverdunstung. Im Januar, dem wärmsten Monat des Südsommers, steigen die Temperaturen deutlich über den Gefrierpunkt, wobei Werte von plus neun Grad Celsius durchaus keine Seltenheit sind. Im Winter fallen die Temperaturen an der Küste auf Werte zwischen –20 °C und –40 °C. Klimatisch günstigere Bedingungen herrschen auf der Antarktischen Halbinsel. Durch ihre Lage deutlich außerhalb des Polarkreises sind hier die Temperaturen und auch die Niederschlagswerte deutlich höher als im Rest Antarktikas. Allerdings ragt die Halbinsel auch weit in die sog. zirkumpolare Westwindzone hinein, wodurch dieser Küstenabschnitt zu den windigeren Gegenden zählt.

NATUR PUR – POLARE PHÄNOMENE UND EXTREMES WETTER

Jenseits der Polarkreise geht die Sonne im jeweiligen Sommer nicht unter. Auf dieser Mehrfachbelichtung aus Alaska ist sehr schön zu erkennen, wie sich die Sonne dem Horizont zwar nähert, jedoch nicht untergeht. Im Winter hingegen steigt die Sonne nicht über den Horizont – die Polarnacht herrscht mit andauernder Dunkelheit. Diese Phänomene erklären sich durch die Neigung der Erdachse zur (Ekliptik genannten) Umlaufbahn der Erde um die Sonne.

Seit Millionen von Jahren wiederholt sich das Schauspiel von Polartag und Polarnacht. Besonders die langen Polarnächte bringen extreme klimatische Bedingungen hervor, denn wo die Sonne nicht scheint, sinken die Temperaturen ins Bodenlose. Und so verwundert es nicht, dass die tiefsten Temperaturen und die stärksten Winde der Erde in den Polarregionen gemessen werden.

Trotz des vielen Eises gelten weite Gebiete der Arktis und Antarktis als trockene Zonen und sind somit den Wüsten der Erde zuzurechnen. Die extrem kalte Luft in den Polargebieten sorgt in Kombination mit der Sonneneinstrahlung allerdings auch für atemberaubende Erscheinungen und spezielle Wetterphänomene.

Wind und Wetter

Ein polares Tiefdruckgebiet mit Zentrum südwestlich von Island aus dem Weltall fotografiert **(Bild rechts)**. Dieser Kaltluftwirbel bildet sich in der Regel über einer relativ warmen Meeresoberfläche. Örtlich können sich durch das Tief ungewöhnlich starke Schneestürme bilden; stößt das Tiefdruckgebiet weiter nach Süden vor, wird dadurch noch das Klima im Mittelmeerraum beeinflusst.

Trotz der widrigen Bedingungen gibt es in der Antarktis seit 1987 einen privat betriebenen Campingplatz **(Bild unten)**. Auf 80 Grad südlicher Breite und 1000 m über NN gelegen beträgt die Durchschnittstemperatur in Patriot Hills im wärmsten Sommermonat gerade einmal −15 °C. Mit ähnlichen Temperaturen hat es der Greenpeace-Aktivist Wojtek Moskal im Eiscamp Sirius in Alaska zu tun. Die Feuchtigkeit in seinem Atem friert sofort an seinem Bart und seinen Wimpern fest **(großes Bild)**. Nicht nur die absoluten Temperaturen sind für den Menschen von Bedeutung. Durch den sogenannten Windchill, dem Maß für die windbedingte Abkühlung, ist die gefühlte Temperatur oft deutlich niedriger als der tatsächlich gemessene Wert.

34   POLARE WELTEN

Ein Ring aus Nebel

Das südafrikanische Forschungs- und Versorgungsschiff »SA Agulhas« bringt Nachschub zur deutschen Antarktisstation Neumayer **(Bild oben)**. Fast gespenstisch mutet es an, wenn das Schiff im Weddellmeer, kurz vor Erreichen der Eiskante in der Atka-Bucht, durch eine scheinbar rauchende See zu fahren scheint. Der nur wenige Meter über die Wasseroberfläche schwadenförmig aufsteigende Nebel wird auch Seerauch genannt. Er entsteht durch Verdunstung, wenn sehr kalte Luft über wärmeres Wasser weht. In den wassernahen Luftschichten kommt es zu einer Übersättigung der Luft durch Feuchtigkeit und somit zur Bildung von Nebeltröpfchen. In der hier extrem trockenen Kaltluft verdunstet der Nebel mit zunehmender Höhe rasch wieder. Besonders häufig tritt diese Nebelform in der Nähe der Eisgrenzen sowohl in der Arktis als auch in der Antarktis auf.

Rechts: Das sanfte Licht der aufgehenden Sonne überzieht die Westseite der Antarktischen Halbinsel mit Morgenstimmung, während die absolute Windstille und der nur leichte Morgennebel einen wunderschönen Tag verheißen. Die Nebelwolken sind das Ergebnis einer Inversionswetterlage, d.h. über Nacht hat sich die Luftschicht über dem tagsüber erwärmten Meer stark abgekühlt und wird nun von einer etwas wärmeren Luftschicht überlagert. Die kalte Luft kann die in ihr enthaltene Feuchtigkeit nicht mehr halten und es bildet sich Nebel. So schöne Tage mit strahlend blauem Himmel sind in der Antarktis eher die Ausnahme. Wind und Schmuddelwetter überwiegen.

Von stimmungsvoll bis tückisch: Halos und Whiteout

Aufgrund der besonderen klimatischen Bedingungen in Arktis und Antarktis lassen sich dort viele Phänomene der atmosphärischen Optik beobachten. Weit verbreitet sind Halos, bei denen Sonnenlicht an Eiskristallen in der Luft gebrochen bzw. reflektiert wird. Eiskristalle haben eine sechseckige Kristallstruktur, deren Prisma sichtbares Licht in einem Winkel zwischen 22° und 46° bricht. Mit etwas Glück bildet sich um den inneren 22°-Halo noch ein größerer 46°-Halo (**Bild links:** 22°-Halo der tief über Lappland stehenden Sonne).

Seltener ist die Bildung eines Nebelbogens wie an dieser Eiskante im norwegischen Spitzbergen **(Bild oben)**. Diese Sonderform des Regenbogens kann nur mit der Sonne im Rücken beobachtet werden. Sie entsteht, wenn die Sonne auf eine Nebelwand mit sehr feinen Tröpfchen scheint.

Auch bei einem der tückischsten atmosphärischen Phänomene spielt die Sonne die Hauptrolle: dem Whiteout. Hierbei handelt es sich um eine stark diffuse Streuung des Sonnenlichts, die zum Verschwimmen von Kontrasten führt, z.B. bei einem Schneesturm **(Bild rechts)**. Für den Menschen kann ein Whiteout sehr gefährliche Auswirkungen haben: Die Orientierung und ein sicheres Fortbewegen werden nahezu unmöglich.

Links: Nicht nur in der Sahara täuschen Fata Morganas falsche Tatsachen vor: Eine Luftspiegelung verzerrt das Erscheinungsbild der Dalrymple-Insel bei Grönland und sorgt für Spiegelungen von Eisbergen am Horizont. Luftspiegelungen in den Polargebieten entstehen dort, wo kalte Luftschichten auf vergleichsweise warmes Festland bzw. Wasser treffen.

POLARE WELTEN 39

FRACHTER IM EISMEER – VOLLE KRAFT VORAUS?

Ursprünglich war das Ziel von Abenteurern und Entdeckungsreisenden, den langen Seetransport von den Gewürzinseln im Südosten Asiens nach Europa zu verkürzen. Aber so oft sie es auch probierten: Die schnelle Schiffsroute um den hohen Norden Sibiriens oder entlang der kanadischen Eismeerküste war stets von undurchdringlichen Eismassen blockiert. Das beharrliche Erkunden der Nordostpassage im Norden Russlands und der Nordwestpassage vor der nordamerikanischen Eismeerküste forderte im Laufe der Jahrhunderte viele Menschenleben. Erst seit der fortschreitende Klimawandel das Sommereis des Nordpolarmeers stärker schmelzen lässt, scheinen die Routen sich zu öffnen, so dass einige Reeder bereits Profit wittern. Bisher sind aber die Eisverhältnisse im hohen Norden noch zu unsicher, als dass den Schifffahrtsgesellschaften das ganz große Geschäft mit der Arktis bereits in den nächsten Jahren winken könnte.

Deutlich weniger Schiffskilometer

Auch wenn das Eis sich weiter zurückzieht, bleiben die Nordwest- und die Nordostpassage sehr schwierige und damit auch teure Routen, weil Treibeis normale Handelsschiffe immer gefährden kann. Weshalb Reeder trotzdem großes Interesse an Frachtverbindungen durch das Nordpolarmeer haben, zeigt die gut frequentierte Strecke zwischen Rotterdam und Tokio: Durch den Panamakanal fahren die Schiffe zwischen diesen beiden Städten 23 300 km. Durch den Suezkanal sind es bereits nur noch 21 100 km. Erheblich kürzer ist die Nordwestpassage an der Küste Kanadas entlang: Nach 15 900 km ist das Schiff am Ziel. Noch einmal deutlich kürzer wird die Strecke Tokio – Rotterdam mit 14 100 km durch die Nordostpassage entlang der Küste Sibiriens. Im Vergleich mit der Route über den Panamakanal sind das fast 40 % weniger Schiffskilometer und entsprechend weniger Schiffsdiesel, der zunehmend teurer wird.

Auf den ersten Blick haben Pfeffer und Nelken, Muskat und Zimt nicht viel mit dem Nordpolarmeer zu tun, kommen diese Gewürze doch aus den Tropen. Im 15. Jahrhundert gab es sie praktisch nur auf den Inseln in Südostasien, die heute zu Indonesien gehören. Damals aber kontrollierten die Araber die langen Handelswege aus dem Fernen Osten quer durch die Gebirge und Wüsten Asiens bis nach Europa und verdienten sich am Gewürzhandel eine goldene Nase. Anfang des 16. Jahrhunderts brachen die Portugiesen das Monopol des Orients, als sie den Seeweg um Afrika herum zu den Gewürzinseln entdeckten. Erneut strich ein kleines Land die hohen Gewinne des Gewürzhandels ein, während der Rest Europas von Portugal abhängig war.

Schon vorher vermuteten viele Geografen, dass die Erde eine Kugel sei. Statt um Afrika herum erst nach Süden und dann wieder nach Norden und Osten zu segeln, müsste man zu den lukrativen Gewürzinseln doch auch gelangen, wenn man von Europa aus nach Westen segelt. Als Amerika entdeckt war, hofften etliche Seefahrer, einen Weg um diese riesige Landmasse zu finden und damit eine Abkürzung zu den Schatztruhen des Fernen Ostens zu entdecken.

Viele von ihnen konzentrierten sich auf den Süden. Als erstes Schiff schaffte die »Victoria« unter spanischer Flagge 1521 die Fahrt durch die Magellanstraße zwischen der Insel Feuerland und dem Süden Patagoniens sowie weiter über den Pazifik zu den Gewürzinseln. Ganz nebenbei wurde so auch die erste Weltumsegelung vollendet. Kapitän Ferdinand Magellan aber starb lange vor Ende der Reise, als er mit seiner Mannschaft versuchte, eine Insel der Philippinen zu erobern und dabei auf erbitterte Gegenwehr stieß.

Der Traum von der Nordwestpassage

Die Passage zwischen Feuerland und Patagonien weit im Süden Südamerikas ist aber nicht einfach und vor allem sehr weit entfernt. Bald spekulierten viele Seefahrer, ob es einen ähnlichen Weg nicht auch um den Norden Kanadas herum geben müsste, der in den Osten Asiens führt. Der Engländer Martin Frobisher war zwischen 1576 und 1578 der Erste, der diese sogenannte Nordwestpassage suchte. Genau wie viele seiner Nachfolger aber scheiterte der Kapitän am mächtigen Eis, das das Meer im hohen Norden unpassierbar machte.

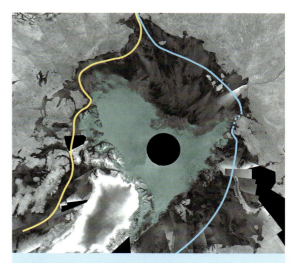

Satellitenbild-Mosaik der Arktis im September 2007: Die Nordwestpassage (orange) ist eisfrei, während die Nordostpassage (blau) zum Teil blockiert ist.

Gewaltige Eisbarrieren versperren den Weg

Auch die Holländer suchten damals einen möglichst kurzen Weg zu den Gewürzen im fernen Osten Asiens. Sie spekulierten allerdings mit einem Seeweg im Norden Europas und Sibiriens. 1594 lief daher Willem Barents mit zwei Schiffen von Amsterdam aus, um diese potenzielle Nordostpassage nach China zu suchen. Zunächst war die Expedition recht erfolgreich: Am 10. Juli entdeckten die Holländer die bis dahin unbekannte Insel Nowaja Semlja, die sich wie eine Fortsetzung des Urals vor der russischen Küste rund 900 km weit nach Norden ins Polarmeer hinein erstreckt. Dann jedoch ging es auch für Barents nicht mehr weiter. Hier schmolz damals das Eis auf dem Meer auch im Sommer so gut wie überhaupt nicht. An dieser Barriere scheiterten die Holländer 1594 zum ersten Mal und 1596 auch im zweiten Anlauf. Eingeschlossen von den Eismassen, mussten die Männer an der Küste von Nowaja Semlja überwintern. Willem Barents und vier seiner Männer überstanden die Strapazen nicht, sie starben im ersten Halbjahr 1597.

Den nächsten Versuch wagte der Engländer Henry Hudson, der von der holländischen Vereinigten Ostindischen Kompanie angeheuert war. Auch er suchte einen Weg durch das Packeis bei der russischen Insel Nowaja Semlja und scheiterte ähnlich wie Willem Barents an dieser Nordostpassage: Die Besatzung rebellierte, als sie die gewaltigen Eisbarrieren vor dem Bug sah. Um nicht mit völlig leeren Händen zu seinem Auftraggeber zurückzukehren, segelte Henry Hudson daraufhin kurzerhand nach Westen. Am 11. September 1609 erreichten die Holländer schließlich eine Bucht, in der dann 1624 auf der Insel Manna-Hatta die Kolonie Neu-Amsterdam gegründet werden sollte, das spätere Manhattan.

Mühsame Suche nach der Nordostpassage: Während der dritten Expedition von Willem Barents schlagen Teilnehmer eine Fahrrinne ins Polareis, nachdem das Schiff festgefroren ist (kolorierter Kupferstich).

POLARE WELTEN 41

Die Suche nach einer Schiffspassage durch das Eismeer im hohen Norden ließ Henry Hudson aber nicht ruhen. Bereits 1610 machte er sich erneut auf den Weg zur Nordwestpassage, diesmal handelte er im Auftrag englischer Geschäftsleute. Am 2. August 1610 glaubte er, den Weg in den Pazifik entlang der Nordküste Kanadas gefunden zu haben. Tatsächlich aber hatte er nur die heute nach ihm benannte Hudson Bay entdeckt. Im festen Glauben, den Nordpazifik erreicht zu haben, erkundete er die Gewässer und segelte weit nach Süden. Der einsetzende Winter aber belehrte ihn dann eines Schlechteren, sein Schiff fror im Eis fest. Unter äußersten Entbehrungen überlebte die Mannschaft den bitterkalten Winter und machte sich nach der Eisschmelze im Frühjahr wieder auf den Weg. Es wird aber wohl nie geklärt werden, ob Henry Hudson nun erneut den Weg nach Süden suchte, denn genau wie bereits bei der Suche nach der Nordostpassage meuterten seine Männer auch bei dieser Fahrt: Henry Hudson wurde mit seinem Sohn und sieben weiteren Gefolgsleuten in einem Beiboot ausgesetzt, während die restliche Besatzung nach England zurücksegelte. Henry Hudson und die mit ihm Ausgesetzten hat niemand mehr lebend gesehen.

Beharrliche Versuche

Weit im Süden fanden 1615 dann die Holländer Jacob Le Maire und Willem Schouten eine andere Passage nach Asien um Kap Hoorn herum. Dort aber schmetterten brutale Stürme so manches Schiff an die schroffen Felsen der Südspitze Südamerikas, weshalb bald wieder die Nordroute in den Köpfen der Entdecker und Glücksritter herumspukte. Noch im Jahr 1615 machte sich der Engländer William Baffin daher auf den Weg und suchte eine Passage zwischen Grönland und der später nach ihm benannten Insel nach Norden. Erneut stoppte Packeis die Expedition und brachte die Suche nach der Nordwestpassage zum Scheitern.

In den 1630er-Jahren versuchten die beiden Engländer Thomas James und Luke Fox auf jeweils einer Expedition ihr Glück und konnten endlich die Hudson Bay als Bucht entlarven, von der kein Seeweg in den Pazifik führt. Da zwischen Grönland und dem Norden Kanadas regelmäßig Packeis den Weiterweg Richtung Pazifik versperrte, lag die Nordwestpassage danach erst einmal mehr als ein Jahrhundert im Wortsinn auf Eis.

Später Durchbruch

So unüberwindbar sich bisher die Nordwestpassage erwiesen hatte, so unpassierbar zeigte sich auch die Nordostpassage ein ums andere Mal. 1648 hatte zwar der Russe Semjon Deschnjow entdeckt, dass es zwischen Sibirien und Alaska eine Meeresstraße gibt, durch die Schiffe prinzipiell aus dem Eismeer nach China und Japan fahren können. Ab 1733 erkundeten dann mehrere russische Expeditionen unter Leitung des Dänen Vitus Bering den hohen Norden und den fernen Osten Sibiriens. Dabei wurde unter anderem Alaska entdeckt und die Nordküste Sibiriens vermessen. Mehrere Schiffe aber wurden im Nordpolarmeer vom Eis eingeschlossen und zerdrückt, etliche Männer ließen ihr Leben. Die Nordostpassage schien es zwar zu geben, das Eis aber blockierte diesen Seeweg über Jahrhunderte.

Und doch war eine Passage möglich, wie es 1878 und 1879 schließlich der Schwede Adolf von Nordenskjöld bewies. Aus Göteborg war er mit dem Dampfer »Vega« gestartet und steuerte die Expedition durch viele Gefahren und Strapazen im hohen Norden Sibiriens vorbei. Dass sich auch die Nordwestpassage an der Nordküste Kanadas mit dem Schiff befahren lässt, zeigte zwischen 1903 und 1906 kein Geringerer als der spätere Südpol-Eroberer Roald Amundsen. Als Vorbild für kommerzielle Frachterrouten aber konnten wohl beide Expeditionen nicht dienen. Amundsen musste mit seinem kleinen Schiff »Gjøa« gleich zweimal überwintern und Adolf Nordenskjölds »Vega« war einen ganzen Winter lang

Der Atomeisbrecher »Sowetskiy Sojus« kämpft sich durch das Meereis in der Karasee vor der sibirischen Insel Sewernaja Zemlja. Die Fahrrinne der Nordostpassage wird von russischen Schiffen bereits heute dauerhaft freigehalten.

42 POLARE WELTEN

Der Mann, der seine Stiefel aß
Schon bei einer Expedition in den Nordwesten Kanadas zwischen 1819 und 1822 verhungerte der Engländer John Franklin beinahe. Nur weil er Flechten und später auch seine Stiefel kochte, überlebte er. Mit 129 Mann auf zwei Schiffen brach der Brite 1845 dann auf, um endlich die Nordwestpassage zu finden. Kein einziger der Männer kehrte zurück. Erst 1859 entdeckten Suchtrupps die Leichen einiger Männer der Franklin-Expedition.

im Packeis eingefroren. Erst 1932 schaffte der Eisbrecher Alexander Sibirjakow die Nordostpassage erstmals ohne Überwinterung. In den 1950er- und 1960er-Jahren baute die Sowjetunion vier Eismeerhäfen im Norden Sibiriens und versuchte seither, die Strecke mit Atomeisbrechern zumindest im Sommer offen zu halten. Das gelang im Westen gut, im Osten dagegen versperren nach wie vor oft genug Packeis-Barrieren den Weg nach Japan.

Die westliche Passage schaffte erst 1944 der Kanadier Henry Larson auf seinem Schoner »St. Roch« ohne Überwinterung. 1969 gelang dann sogar eine erste kommerzielle Fahrt durch die Nordwestpassage mit dem Supertanker »MS Manhattan«. Allerdings war der Tanker vorher zu einem Eisbrecher umgerüstet worden und ein weiterer kanadischer Eisbrecher bahnte ihm den Weg durch das Packeis, das wie jedes Jahr die Passage versperrte. Die Amerikaner erklärten nach dieser Erfahrung die Nordwestpassage für unrentabel und bauten stattdessen eine Pipeline durch Alaska, durch die seither das an der Eismeerküste geförderte Öl nach Süden gepumpt wird.

Klimawandel mischt die Karten neu
Erst seit der Klimawandel die Eisdecke auf dem Nordpolarmeer im Sommer zu immer neuen Minimalrekorden schmelzen lässt, horchen die Reeder wieder auf. 2007 gab es zum ersten Mal in historischer Zeit im Norden so wenig Eis, dass Schiffe die Nordwestpassage entlang der Nordküste Kanadas problemlos passieren konnten. Der nächste Rekord kam gleich im nächsten Jahr, als die tagesaktuellen Karten aus dem Institut für Umweltphysik der Bremer Universität am 25. August 2008 zeigten, dass sowohl die Nordwest- wie auch die Nordostpassage offen waren – vermutlich zum ersten Mal seit Menschengedenken.

Diesmal war allerdings aus Sicht der Reedereien die Nordwestpassage die Schwachstelle, weil dort nur eine gefährliche Route im Süden der Victoria-Insel eisfrei wurde, die relativ verwinkelt ist und sich für normale Frachtschiffe kaum eignet. Auf der Hauptroute im Norden dieser Insel dagegen blockierte noch lange nach dem 25. August dichtes Eis die Weiterfahrt.

Die schnellen Passagen im hohen Norden aber bleiben für die Reeder ein schwieriges Rechenexempel. So lässt sich die Eisbedeckung auf beiden Routen langfristig kaum vorhersagen. Die über viele Monate planenden Reedereien müssen daher bisher noch immer einen Eisbrecher reservieren, der ihnen den Weg freiräumt, wenn der Wind eine Eisdecke quer über die Route treiben sollte. Dieses Unterstützungsschiff aber kostet viel Geld. Und da auch mit dieser Hilfe die Routen im hohen Norden in den kommenden Jahrzehnten allenfalls zwei Monate im Jahr passierbar wären, wird sich der Schiffsverkehr in der Arktis wohl in Grenzen halten.

Die Nordküste Russlands profitiert allerdings durchaus vom Klimawandel und der abnehmenden Eisdecke. Dort halten starke russische Eisbrecher längst die Fahrrinnen kontinuierlich offen. Inzwischen gibt es bereits erste Frachtschiffe mit einem normalen Schiffsbug, deren Heck wie der Bug eines Eisbrechers geformt ist. Im offenen Wasser fährt ein solcher Frachter normal vorwärts, dreht aber vor einem Eisfeld um und bricht sich rückwärts mit seinem Eisbrecherheck eine Fahrrinne durch das Eis. Derartige Investitionen lohnen sich, weil fast ausschließlich Frachtschiffe den Hafenstädten im Norden Sibiriens Nachschub für den nächsten langen Winter bringen. Auf lange Sicht wird die Versorgung Sibiriens jedoch zukünftig wohl kaum noch auf derartige Eis brechende Schiffe angewiesen sein.

> **Da sich die Eisbedeckung auf der Nordwest- und der Nordostpassage schwer vorhersagen lässt, bleiben beide Routen wirtschaftlich vorläufig risikoreich.**

James Cook und die Pole
Der Engländer James Cook gilt als erster Europäer, der die Südsee samt Neuseeland und die Ostküste Australiens näher untersuchte. Sein eigentlicher Auftrag aber war bei jeder seiner drei Expeditionen ein anderer. Zweimal sollte er den geheimnisumwitterten Südkontinent »Terra Australis« entdecken und stieß bei seiner Suche so weit nach Süden vor, wie wohl kein anderer Mensch vor ihm: bis zum 71. Breitengrad. Dort stoppte ihn Meereis. Das Gleiche passierte auf seiner dritten Expedition, als er endlich die Nordwestpassage entdecken sollte. Zwar durchquerte Cook im Sommer 1778 die Beringstraße, scheiterte dann aber am 70. Breitengrad am Packeis.

POLARE WELTEN 43

SIGHTSEEING IM EIS – DIE POLARGEBIETE ALS WACHSENDER TOURISMUSMARKT

Ein Kaiserpinguin beim »Fototermin«. Der nicht unumstrittene Tourismus in der Antarktis wird durch die Organisation IAATO reguliert. Das strenge Regelwerk dieser 1991 gegründeten »Internationalen Vereinigung der Antarktischen Reiseveranstalter«, dem sich alle Veranstalter zu unterwerfen haben, regelt Anlandungen besonders auf der sensiblen Antarktischen Halbinsel.

Um die Einwirkungen auf ein verträgliches Maß zu beschränken, dürfen nie mehr als 100 Reisende gleichzeitig an Land sein. Die Touristen müssen in kleinen Gruppen von 15 bis 20 Personen von jeweils einem erfahrenen Reiseleiter oder Wissenschaftler begleitet werden. Auch die Dauer der Anlandungen ist klar geregelt: Nach vier Stunden muss der Anker gelichtet werden. Für Schiffe mit mehr als 200 Passagieren gelten weitere Einschränkungen, was die Ziele und Anlandungen betrifft. Alle Reisende haben zu den Tieren einen Abstand von mindestens fünf Metern einzuhalten. Nur den Pinguinen ist diese Regel oft nicht bekannt: Touristen-Gummistiefel sind häufiges Ziel ihrer neugierigen Untersuchungen.

Von Eis bis heiß

Ein Begrüßungskomitee aus Adélie-Pinguinen erwartet das 134 Passagiere fassende Expeditionsschiff »World Discoverer« **(Bild oben links)**. Der Bestand der in Kolonien brütenden Vögel schrumpft dramatisch: In den letzten zehn Jahren ist die Anzahl der Brutpaare auf der König-George-Insel (Südshetlandinseln) und der Antarktischen Halbinsel stark zurückgegangen. Auch andere beliebte Tierarten der Polargebiete wie Wale und Eisbären sind zunehmend bedroht.

Für die Ökosysteme unkritisch sind andere Attraktionen. Pendulum Cove ist der beliebteste Badestrand der Antarktis. Am Strand des eingestürzten Kraters der Vulkaninsel Deception Island tritt heißes Wasser an die Oberfläche, was von Touristen gern zu einem warmen Bad genutzt wird **(Bild oben rechts)**. Thermal aufgeheizt wagt mancher anschließend ein Bad im eisig kalten Antarktischen Ozean, bevor es mit den wendigen Zodiac-Schlauchbooten zurück an Bord des Kreuzfahrtschiffes geht. Die Ausfahrten mit den Zodiacs zählen zu den Höhepunkten von Expeditionskreuzfahrten in die Polarregionen.

Oben: Eisbären spüren mit ihrem ausgesprochen guten Geruchssinn ihre Beute auf. Und ein Schiff mit Touristen riecht auf jeden Fall erst einmal interessant. Obwohl sie in der gesamten Arktis vorkommen, sind die Chancen, während einer Expeditionskreuzfahrt Eisbären zu sehen, auf Spitzbergen am höchsten. Etwa 3500 Tiere leben dort und auf der benachbarten Inselgruppe Franz-Joseph-Land.

46 POLARE WELTEN

Oben: Besonders beliebt bei Touristen auf Spitzbergen ist das nördlichste Postamt der Welt in Ny-Ålesund, das nur wenige hundert Meter unterhalb des 79. Breitengrades liegt. Obwohl der Ort nur um die 100 Einwohner hat, werden hier an manchen Tagen 4000 Postkarten verschickt; im Verlauf eines Jahres sind es deutlich mehr als 50 000.

POLARE WELTEN

Links: Die Trendsportart Eisklettern gehört zu den extremsten Sportarten der Welt. In der Antarktis mit ihrer 98 %igen Eisbedeckung sind die Bedingungen hierfür besonders vorteilhaft. Unter den »Cracks« gilt die Solobesteigung eines im Packeis eingefrorenen Eisbergs als größte Herausforderung.

Paddeln wie die Inuit

Als ultimative Herausforderung bieten einige Veranstalter besondere sportliche Aktivitäten an. Wer mag, kann unter fachmännischer Führung mit dem Seekajak durch das ewige Eis der Arktis oder Antarktis paddeln **(Bild unten)**. Ursprünglich wurden die »Qajaq« genannten Boote von den Inuit für die Jagd auf Wale und Robben sowie als Transportmittel gebaut. Während die grönländischen Originale aus Knochen und Tierhäuten bestanden, kommen die modernen Kajaks in Hightech-Werkstoffen daher. Dennoch ist dies die wohl ursprünglichste Form der Fortbewegung in den Polarregionen und auf jeden Fall ein unvergessliches Erlebnis.

Unter Langstreckenläufern galt der seit 1995 durchgeführte und meist für mehrere Jahre im Voraus ausgebuchte Last Marathon auf der König-George-Insel als das ultimative Sportereignis auf der Südhalbkugel. Seit einigen Jahren geht es aber noch extremer: Über das 3000 m hoch gelegene Inlandeis verläuft der härteste Marathon der Welt bis zum Südpol. Für die neunstündigen Strapazen in extremer Trockenheit bei −30 °C zahlen die Teilnehmer 15 000 US-Dollar.

POLARE WELTEN

DIE »BIOGRAFIE« DER POLARGEBIETE – GEOLOGIE UND KLIMAGESCHICHTE

Seit einigen Jahren ist es möglich, mit Bohrern Kerne aus polaren Eisschichten zu gewinnen. Die Untersuchung dieser Bohrkerne gleicht einer Reise zum Mittelpunkt der Erde. Bis zu drei Kilometer dringen die Bohrer nach jahrelanger Arbeit in Eis- und Erdschichten ein und entnehmen dabei Teilstücke, die etwa zehn Zentimeter Durchmesser und drei Meter Länge haben. Bis der gesamte Bohrkern gezogen und zusammengesetzt ist, vergehen fünf bis sieben Jahre. Anschließend bietet sich der Wissenschaft allerdings ein aufschlussreiches Bild der Klimageschichte an jener Stelle, an der nun das Bohrloch klafft. Sauerstoffisotope, Mikroorganismen und Pflanzenreste ergeben ein Klima-Archiv, das Rückschlüsse auf die Temperaturschwankungen des polaren Vorgestern zulassen.

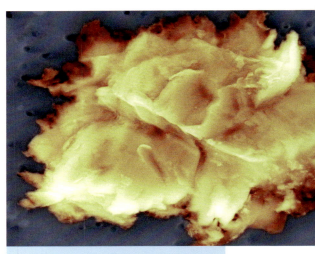

Rasterelektronenmikroskopaufnahme eines Mikroorganismus aus dem Vostok-See. Der 1993 entdeckte, nichtgefrorene Süßwassersee liegt in der Antarktis unter einem bis zu vier Kilometer dicken Eispanzer. In dem seit Jahrmillionen von der Erdoberfläche abgeschnittenen See vermuten Forscher unbekannte Lebensformen.

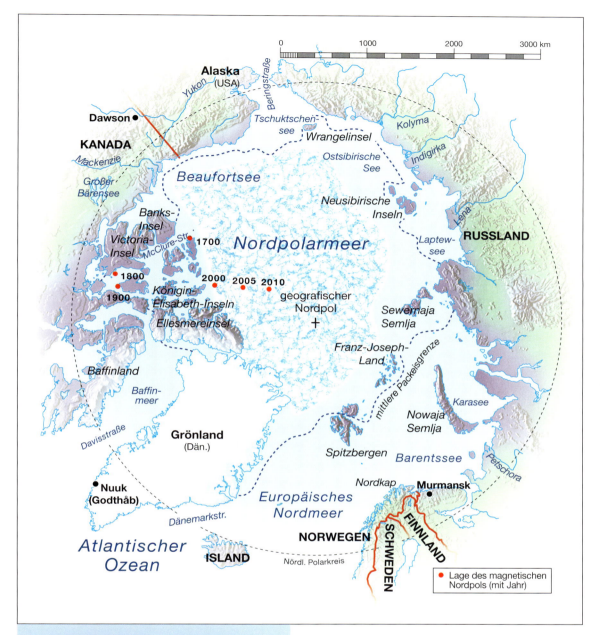

Der magnetische Nordpol befindet sich ständig auf Wanderschaft, weil sich das Magnetfeld der Erde kontinuierlich verändert. Wissenschaftler haben herausgefunden, dass er derzeit rund 40 km pro Jahr »unterwegs« ist. Die Karte zeigt die jeweilige Position des Magnetpols am Ende der letzten vier Jahrhunderte sowie seine Lage im Jahr 2005 und seine voraussichtliche Position im Jahr 2010, die auf Basis aktueller Daten berechnet wurde. Sollte der Pol sein jetziges Tempo und seine Richtung beibehalten, könnte er in 50 Jahren in Sibirien liegen.

Koniferenwälder wiegen sich im Wind, Käfer und Spinnen krabbeln in Pinien, Schmetterlinge segeln durch die sonnengebadeten Zweige. Dieses Bild eines prähistorischen Grönland entwirft ein Team von Wissenschaftlern der Universität Kopenhagen. Der Forschergruppe für fossile DNS (Erbgutinformationen) um Eske Willerslev war es gelungen, Proben aus den vermutlich tiefsten und damit ältesten Schichten des grönländischen Eisschildes zu sammeln und die darin konservierten DNS-Fragmente zu untersuchen. Die Studie schließt eine Lücke im Bild der Erde vor 500 000 Jahren. Bislang gab es nur Vermutungen darüber, wie Grönland in jener Zeit ausgesehen haben könnte – und aus welchen Gründen die gewaltige Landmasse heute fast vollständig von Eis überzogen ist.

Der Bohrkern, der Eske Willerslev zur Verfügung stand, ließ sich bis in 2000 m Tiefe zurückverfolgen – eine Schicht, die Geologen »Dye 3« nennen. An dieser Stelle gelang es den Dänen, mehrere Hundert DNS-Proben zu gewinnen. Das Erbmaterial war noch gut genug erhalten, um identifiziert werden zu können. Vergleiche mit heute lebenden Pflanzen und Insekten zeigten, dass vor einer halben Million Jahren Käfer, Schmetterlinge, Fliegen und Spinnen auf Kiefern, Eiben, Erlen, Fichten und Pinien gelebt hatten, an derselben Stelle, die heute von einer mehrere Kilometer mächtigen Eisschicht versiegelt ist. Ein Vergleich mit heutigen Klimazonen ergab, dass die Natur in der Vergangenheit Grönlands dem heutigen Osten Kanadas ähnelte.

Grönlandeis haltbarer als gedacht

Erstaunt waren die Forscher in Kopenhagen, als sie die DNS aus »Dye 3« datierten. Nach einer Studie, welche die US-Klimatologin Bette Otto-Bliesmer 2006 vorgelegt hatte, ist »Dye 3« erst seit 120 000 Jahren mit Eis bedeckt, seit dem Beginn der letzten Eiszeit. Aus Willerslevs Datierung ergibt sich hingegen ein anderes Szenario. Wie das Team aus Dänemark herausfand, war die im Permafrost gefundene DNS 450 000 Jahre alt – und damit wesentlich älter als der Beginn der letzten Eiszeit. Nach dem Modell von 2006 war Grönland während verschiedener Eiszeiten mit Gletschern bedeckt und während der Warmzeiten eisfrei. Das hingegen erscheint unmöglich, da sich die DNS ohne Permafrost nicht hätte erhalten können. Demnach muss das Eis am Grund von »Dye 3« zwischen 800 000 und 450 000 Jahre alt sein. Die Forscher schließen daraus, dass das Grönlandeis wesentlich stabiler ist, als bislang angenommen. Nach einer Untersuchung des Weltklimarates lagen die globalen Temperaturen in der Eem-Warmzeit, der Zeit der Neandertaler, etwa drei bis fünf Grad Celsius höher als heute. Dennoch scheint das Grönlandeis nur geringfügig abgeschmolzen zu sein, eine Erkenntnis, die für das Verständnis der gegenwärtigen Klimaerwärmung aus folgendem Grund brisant ist:

Zwischen den jüngsten Eiszeiten lag der Meeresspiegel um vier bis sechs Meter höher als heute. Dieses Phänomen ist erklärbar. Eiszeiten und Warmzeiten wechseln sich im Lauf der Erdgeschichte ab. Das Eis, das während einer Kältephase in Gletschern gebunden ist, schmilzt in der darauf folgenden Wärmeperiode und gelangt in den globalen Klimakreislauf und damit in die größten Wasserspeicher der Erde, in die Ozeane. Der Meeresspiegel steigt. Bislang nahmen Klimaforscher an, dass alles Wasser in der Eem-Warmzeit von den abgetauten Gletschern Grönlands ins Meer geflossen war. Die Theorie klang logisch. Grönland ist die größte Landmasse außerhalb der Polarkreise, die vollständig mit Gletschern überzogen ist. Klimaerwärmungen müssten sich hier

POLARE WELTEN 51

demnach am schnellsten auswirken. Das schien auch die Studie von 2006 zu belegen, gemäß der Grönland in der Eem-Warmzeit eisfrei gewesen sein soll. Doch die Datierung der DNS bringt dieses Gerüst ins Wanken. Sollte Grönland trotz der hohen Temperaturen in der Eem-Warmzeit von Eis bedeckt gewesen sein – woher kam dann das Wasser des steigenden Meeresspiegels? Die Antwort liegt am Südpol: Das Eis der Antarktis schmolz schneller als das Eis Grönlands. Aus der DNS von Käfern und Bäumen entstand in Kopenhagen eine neue Hypothese zum Klimawandel. Gegenüber der Zeitschrift »New Scientist« kommentierte der britische Polarforscher Eric Wolf die Erkenntnisse aus Dänemark: »Das würde bedeuten, dass unsere Sorgen über das Abschmelzen des Grönlandeises zu dramatisch waren. Wenn das wahr ist, ist der Umkehrschluss, dass wir uns noch nicht genug Sorgen darüber gemacht haben, was gerade in der Antarktis passiert.«

Antarktis verbirgt Antworten unter Eisschild

Der südlichste Kontinent der Erde gleicht einerseits einer Schatzkammer – randvoll mit Hinweisen zum Verlauf der Erdgeschichte –, erweist sich aber andererseits als so sicher verriegelt, dass kein Zugang möglich ist. Keine andere Landmasse dieser Dimension ist an der Oberfläche von so wenigen Sand-, Lehm- oder Humusschichten bedeckt, kaum eine ist im Laufe der Jahrmillionen so wenig erodiert. In dieser jungfräulichen Geologie ließen sich Informationen sammeln, die andernorts kaum zu erhalten sind: Wie ist die Tektonik (Bewegung des Erdmantels) mit dem Klima verzahnt? Wie verlief die Verschiebung der tektonischen Platten unseres Planeten? Gerade zu dieser letzten, bislang nur lückenhaft beantworteten Frage könnte die Antarktis wichtige geologische Antworten geben. Immerhin war sie einst Teil des präkambrischen Superkontinents Rodinia, der vor 1,3 Milliarden Jahren entstand und vor etwa 700 Millionen Jahren auseinanderbrach. Umso verhängnisvoller erscheint die Tatsache, dass das antarktische Land nur zu zwei Prozent zugänglich ist. Der Rest liegt unerreichbar unter mehreren Kilometer hohen Eismassen begraben. Neue Techniken erlauben aber dennoch einen Blick durch das Schlüsselloch in bislang unentdeckte Winkel der Erdgeschichte.

Wenn es in den vergangenen Jahrzehnten um die Erforschung der polaren Geologie ging, blieb keine Möglichkeit unversucht. Mit einfachen Gesteinshämmern, mit tiefe Schichten durchdringendem Radar, mit gravimetrischen Studien aus dem Flugzeug und der Auswertung von Satellitenbildern haben Forscher versucht, die Rätsel unter dem ewigen Eis zu knacken. In der Antarktis waren die Bemühungen zu einem Teil von Erfolg gekrönt, allerdings werfen neue Erkenntnisse auch wieder neue Fragen auf. So ist besonders das Alter der derzeitigen Polkappe ein Streitpunkt unter Geologen. Während manche Wissenschaftler vermuten, dass weite Teile der Antarktis noch vor zwei Millionen Jahren eisfrei waren, wie es Holzfunde in den transantarktischen Bergen zu belegen scheinen, pochen andere auf eine Datierung, nach der sich die antarktische Polkappe bereits vor 14 Millionen Jahren gebildet haben soll. Beide Lager suchen nach wie vor nach Beweisen, um den Streit zu entscheiden.

Klima war einst feuchtwarm

Eine mögliche Antwort, die noch tiefer in die Zeit zurückreicht, zogen Glaziologen und Geologen 2006 in Form eines Bohrkerns aus dem Meeresboden der Arktis. Die darin eingeschlossenen Informationen deuteten darauf hin, dass sich das arktische Eis bereits vor 45 Millionen Jahren gebildet haben könnte. In dem 430 m langen Bohrkern fanden die Wissenschaftler erbsengroße Einschlüsse, die belegen könnten, dass sich die Gletscher in der Arktis viele Millionen Jahre früher gebildet haben könnten, als bislang angenommen. Wenn diese Interpretation der Bohrkern-Inhalte korrekt ist, muss die Klimageschichte der Polarregionen neu geschrieben werden. Die neuen Hinweise unterstreichen die Vermutung, dass Kohlendioxid und andere Treibhausgase eine entscheidende Rolle in der Klimageschichte der Erde spielen.

Gewiss ist: In der Antarktis war es nicht immer kalt. Das heutige Gebiet um den Südpol war einst Teil einer gewaltigen Landmasse, die aus dem Superkontinent Rodinia entstand und Gondwana genannt wird. Dieser ebenfalls als Superkontinent bezeichnete Erdteil begann im Trias vor etwa 240 bis 205 Millionen Jahren auseinanderzubrechen. Seine Segmente verschoben sich und bildeten die heutigen Kontinente Südamerika, Afrika, Indien, Australien mit Neuseeland und die Antarktis. Die gegenwärtigen Umrisse dieser Kontinente sowie ihre Ähnlichkeit bezüglich Geologie und Fossilien belegen, dass sie einst zusammengehörten und dass jener Erdteil, der heute die Antarktis bildet, nicht immer ein unwirtlicher Ort war. Darauf deuten Kohlelagerstätten und Sandsteinvorkommen hin, die weniger als 500 km vom Südpol zu finden sind. Sie entstanden im späten Pleistozän vor etwa 300 bis 240 Millionen Jahren in einem sumpfigen Klima unter feuchten Bedingungen.

Die tektonischen Bewegungen der Erdplatten galten bisher als wichtigste Ursache für die Vereisung der Antarktis. Die neue Position des Kontinents am Erdpol sorgte dafür, dass ihn nur noch sehr wenig Sonnenenergie erreichen konnte. Geologen glaubten, dass die Bewegung der Platten zusätzlich die Meeresströmungen

Der Schlüssel zum Verständnis des Klimawandels liegt nicht nur im Grönlandeis, sondern auch in der Antarktis.

Georg Delisle von der Bundesanstalt für Geowissenschaften und Rohstoffe in Hannover entdeckte im November 2007 einen 31 kg schweren Meteoriten in der Antarktis. Es war der größte Meteoritenfund auf dem Kontinent seit 20 Jahren.

Der Gipfel des Mount Erebus an der Prinz-Albert-Kette wirft einen langen Schatten auf das Ross-Schelfeis. Der Erebus ist der aktivste Vulkan der Antarktis. In seinem Krater befindet sich ständig flüssige Lava.

Die Seenplatte der Antarktis

Die Geologie der Antarktis hält viele Überraschungen bereit. Im Sommer 2008 entdeckte ein Team von Wissenschaftlern der Boston University fossile Überreste einer Tundrenlandschaft im ewigen Eis. Bodenkundler, Paläontologen und Biologen wagten eine Expedition in die westliche Olympus-Kette, eine der lebensfeindlichsten Regionen der Antarktis, um in den dortigen Trockentälern nach Spuren prähistorischen Lebens zu forschen. Nahe des McMurdo-Sunds im Osten des Eiskontinents stießen die Wissenschaftler auf einen Schatz aus der Vergangenheit des Planeten.

Mitten in der heutigen Eiswüste erstreckte sich bis zum Mittleren Pliozän vor 14 Millionen Jahren offensichtlich eine Seenkette, die aus den umliegenden Gebirgsgletschern gespeist wurde. Sie ermöglichte eine vergleichsweise üppige Fauna und Flora, deren fossile Reste in den Seesedimenten bis heute überdauerten. Die US-Forscher fanden die versteinerten Reste eines Süßwasserökosystems mit großer Artenvielfalt. Entdeckungen wie diese stoßen in der Polarforschung jahrelang gültige Modelle um und schaffen Raum für neue Theorien.

beeinflusste, bis sich schließlich durch Abkühlung der Antarktis Eis bildete. Die Ergebnisse der Bohrkernforschung legen nun jedoch nahe, dass die Ursache für die Eisbildung nicht in der Plattentektonik der Erde zu suchen ist, sondern in der Zunahme von Treibhausgasen, in der Erdgeschichte immer wieder hervorgerufen durch globale Erwärmungen.

Die Geologie und Glaziologie stehen vor dem Durchbruch. Weitere Bohrkernforschungen könnten in den nächsten Jahren Hinweise darauf liefern, welche Folgen die Erwärmung des globalen Klimas haben wird. Nach bisherigen Vermutungen könnte das derzeitige Treibhausklima der Erde in ein »Eishausklima« umschlagen, so wie es vor etwa 45 Millionen Jahren geschehen ist: Der Planet kühlt ab, Windströme und Meeresströmungen ändern die Richtung, Wasser- und Lufttemperaturen verändern sich. Welche Auswirkungen das auf Tiere und Pflanzen haben könnte, ist nicht absehbar. Weitere Bohrkerne könnten allerdings wichtige Erkenntnisse liefern. Denn Momentaufnahmen von den Ereignissen während der Abkühlungsphase der Polargebiete liegen noch immer konserviert unter Kilometer mächtigen Eisschichten im Meeresboden der Arktis und Antarktis.

Lava on ice – Vulkanismus der Antarktis

Bis heute geht es aber auch an einigen wenigen Orten der Antarktis heiß her. Vulkanismus ist vor allem im Mount Erebus messbar, dem größten Vulkan der Antarktis. Er liegt auf der Ross-Insel, einer Insel, die vollständig durch vulkanische Aktivität entstanden ist. Seit dem Pliozän spie der Krater des Erebus häufig Lava; noch heute steigen täglich Dämpfe und Gase am Gipfel in die Atmosphäre.

Solche Phänomene sind für die Erforschung der Erdgeschichte ebenso wichtig wie für die Prognosen der Zukunft unseres Planeten. Wissenschaftler vieler Disziplinen versuchen, die Beschaffenheit der Antarktis zu verstehen. Paläontologen und Glaziologen suchen nach Fossilien und Gletscherstrukturen, an denen sich ablesen lassen könnte, wie sich die Eismassen und der globale Meeresspiegel in den vergangenen 5000 Jahren verändert haben. Geomorphologen untersuchen, wie extreme Klimabedingungen einzigartige Landformen wie Eiskeile oder Steinpolygone herausbilden können. Bodenforscher haben erkannt, dass die Antarktis eines der besten Klima-Archive der Vergangenheit enthält, dessen Bodensedimente 200 000 Jahre und dessen Marinesedimente sogar einige Millionen Jahre in die Erdgeschichte zurückreichen. Geophysiker nutzen die Vorteile der außergewöhnlichen Untersuchungsbedingungen in der Antarktis, um die Auswirkungen von Sonnenstrahlen auf das Magnetfeld der Erde zu erforschen. Die Antarktis bleibt auch in Zukunft eine heiße Quelle für Klimadaten, auch wenn sie der Wissenschaft gelegentlich die kalte Schulter zeigt.

Wenn Meteoriten in die Falle gehen

Meteoriten sind in der südlichen Polarregion besonders gut zu finden, da sie sich in sogenannten Meteoritenfallen sammeln. Das antarktische Eis birgt zahllose Meteoriten der vergangenen Jahrzehntausende. Dort, wo das Eis über ein Bodenhindernis wie etwa einen Hügel oder eine Geländekante fließt, wird tiefes Eis an die Oberfläche gedrückt und bringt dabei auch seine kosmische Fracht mit. Im Sommer verdunstet das Eis nach und nach und lässt die dabei freigelegten Meteoriten zurück. Liegt diese Verdunstungsstelle hoch genug, werden die dunklen Meteoriten vom Sonnenlicht nicht so stark aufgewärmt, dass sie das Eis schmelzen und wieder darin einsinken können. So sammelten sich an bestimmten Stellen über die Jahrtausende Meteoriten unterschiedlichen Alters an. Diese Orte nennen Geologen Meteoritenfallen.

Magnetpole auf Wanderschaft

Weder der magnetische Nord- noch der magnetische Südpol sind Fixpunkte auf der Erdkugel. Zwar verhält sich der Globus tatsächlich wie ein großer Magnet, dessen Pole im Norden und Süden in den Polargebieten liegen. Ihre Lage jedoch ändert sich. Der arktische Pol bewegt sich jährlich um etwa 7,5 km in nördlicher Richtung, während der antarktische Pol sich zur Zeit um etwa zehn Kilometer in nordwestliche Richtung verschiebt. Im Laufe der Erdgeschichte haben die Pole mehrfach ihre Ausrichtung gewechselt. Auch heute liegt der magnetische Südpol im Norden und der magnetische Nordpol im Süden.

EIS IM BRENNPUNKT

56 Polare Eiswelten – Eine verblüffende Vielfalt

64 Von Gletschern, Schelfeis und Packeis – Eisbildung an den Polen

68 Im Zwiespalt – Eis als Bedrohung und Rückzugsraum

76 Global vernetzt – Wie Arktis und Antarktis das Weltklima beeinflussen

82 Klimawandel – Die Polargebiete als Frühwarnsystem

90 Brennende Frage – Wie ewig ist das ewige Eis?

POLARE EISWELTEN – EINE VERBLÜFFENDE VIELFALT

Kaum ein anderes Material auf der Erde kommt in einer solchen Formen- und Farbenvielfalt vor wie Eis. Schneekristalle, die im Sonnenlicht funkeln; Meereisschollen, die sich meterhoch übereinandertürmen; Eisberge, die den Betrachter mit eigentümlicher Schönheit in ihren Bann ziehen; Gletscher, die sich als blaue Eismasse in Richtung Meer vorschieben. Allesamt sind sie von scheinbar zeitloser Schönheit und doch einem steten Wandel unterworfen, der die Vielfalt – wie bei diesem Eisberg im norwegischen Spitzbergen – erst ermöglicht.

Häufig beginnt dieser Wandel mit frisch gefallenem Schnee, der den Ursprung eines jeden Eisbergs bildet: Der Schnee wird auf einem Gletscher im Laufe der Jahre langsam zu Eis zusammengepresst. Die dabei eingeschlossene Luft führt aufgrund von Lichtreflexionen im Eis zu einer blaugrünen Farbe. Der Gletscher schiebt sich immer weiter aufs Meer hinaus, Eisberge brechen von seiner Front ab und treiben auf das offene Meer hinaus. Das Meerwasser nagt stetig am Eisberg, bis dieser instabil wird und zur Seite kippt. Weiterer Schnee fällt auf den Eisberg und bedeckt ihn mit einem weißen Mantel. Im Sonnenlicht schmilzt der Schnee, das Schmelzwasser tropft über den Rand des Eisbergs und gefriert zu meterlangen Eiszapfen; Wellen fressen Höhlen in die Eiswand. Am Ende seiner Lebenszeit zerfällt er in einzelne Eisbrocken im Meer, die wieder zu Wasser werden, das dann erneut verdunstet und eventuell als frischer Schnee irgendwo wieder zum Wachsen eines Gletschers beiträgt. Ein steter Kreislauf ist dies, der jedoch im Rahmen des Klimawandels in sich zusammenbrechen könnte.

Eisbergproduktion

Mündet die Gletscherfront eines zerklüfteten Gletschers ins Meer, so stürzen dort häufig gewaltige Eisbrocken ins Meer: Der Gletscher »kalbt«, z.B. im Scoresbys und Nordostgrönlands **(Bild links)**. Diese Eisstücke treiben, bei ausreichender Wassertiefe, anschließend als Eisberge aufs Meer hinaus.

Ist der Untergrund dagegen relativ flach und verläuft der Weg des Gletschers ungehindert, so bleibt die Oberfläche des Gletschers weitgehend intakt. Mündet ein solcher Gletscher ins Meer, so kann er sich mehrere Hundert Kilometer auf das offene Wasser hinaus erstrecken und ein sogenanntes Eisschelf bilden. Von einem solchen Eisschelf brechen Tafeleisberge ab, die oft ungleich größer sind als »normale« Eisberge. Sie können eine Ausdehnung von mehreren Hundert Quadratkilometern erreichen. Der bislang größte Eisberg, der beobachtet wurde, hatte sogar eine Größe von 11 600 km²: »B 15« brach im Jahr 2000 vom antarktischen Ross-Schelfeis ab.

Oben: Eine Spalte zieht sich durch das Hunderte Meter dicke Eis des Larsen-A-Eisschelfs in der Antarktis. Solche Spalten, die teilweise zum Auseinanderbrechen eines ganzen Eisschelfs führen, können durch Schmelzwasser entstehen, das durch einen kleinen Riss ins Innere des Eisschelfs sickert und dort wieder gefriert.

Unten: Ein gewaltiger Tafeleisberg, der von einem Eisschelf in der Antarktis abgebrochen ist, treibt durch ein Packeisfeld aufs offene Meer hinaus.

EIS IM BRENNPUNKT 59

Bizarre Formenvielfalt

Eis ist nicht gleich Eis – und Eis ist auch nicht zwingend weiß. Gletschereis erscheint oft bläulich, weil ein Großteil des Lichts ins Innere des Eises eindringen kann **(Bild unten)**. Da Eis die roten Anteile des Sonnenlichts sehr effektiv absorbiert, bleiben überwiegend die grünbläulichen Anteile sichtbar. Dieser Effekt ist umso stärker, je länger die Strecken sind, die das Licht im Eis zurücklegt. Sind viele Luftblasen eingeschlossen, kann das Licht nicht sehr tief in das Eis eindringen, weshalb dieses Eis weißlich erscheint.

Faszinierende Besonderheiten ergeben sich aber auch beim genaueren Hinschauen. Aufgrund ihrer Kristallstruktur haben z.B. einzelne Schneeflocken immer eine sechsfache Symmetrie, die zu einer unüberschaubaren Formenvielfalt führt und unter dem Mikroskop erkennbar wird **(Bild oben)**. Schließen sich Wassermoleküle unter normalen Bedingungen zu Eis zusammen, so bilden sie dabei ein sechseckiges Kristallgitter. Jeweils an den Eckpunkten eines solchen Sechsecks befindet sich das Sauerstoffatom des H_2O-Moleküls, die beiden Wasserstoffatome liegen entlang der Seitenlinien.

An der Grenze zwischen dem Eis einer Schneeflocke und der umgebenden Luft wird beinahe das gesamte Sonnenlicht reflektiert. Daher ist Schnee weiß und nicht durchsichtig, obwohl er in seiner reinsten Form nur aus gefrorenem Wasser besteht. Je feiner dabei die einzelnen Kristalle ausgeprägt sind, desto mehr Möglichkeiten gibt es zur Reflexion von Licht, weshalb kalter Pulverschnee deutlich weißer erscheint als nasser Schnee.

Vorherige Doppelseite: Vom eisigen Wasser umspült, treibt ein bläulich schimmernder Eisberg in den Fluten des Meeres vor den Südshetlandinseln. Deutlich sind einzelne Jahresschichten zu erkennen, die durch das erneute Gefrieren von Schneeschmelzwasser entstehen.

62 EIS IM BRENNPUNKT

Oben: In einer Höhle im Permafrostboden auf Grönland bilden sich kleine Eiskristalle, wenn sich die Luftfeuchtigkeit auf den gefrorenen Höhlenwänden niederschlägt. Hinzukommende Wassermoleküle müssen sich in das existierende Kristallgefüge einordnen, weshalb große, geordnete Kristalle entstehen können.

Rechts: Auf dünnem Meereis bilden sich häufig sogenannte Meereisblumen. Diese ziehen wie der Docht einer Kerze Salzlake aus dem gefrorenen Meerwasser und sind daher sehr salzig. Werden die filigranen Blumen vom Wind aufgewirbelt, kann dieses Salz der Frostblumen über weite Strecken transportiert werden.

VON GLETSCHERN, SCHELFEIS UND PACKEIS – EISBILDUNG AN DEN POLEN

Kaum ein Begriff wird so sehr mit den Polargebieten der Erde assoziiert wie das Wort »Eis«. Und in der Tat sind sowohl die Landmassen als auch die Ozeane der Polargebiete zumindest im Winter größtenteils von gefrorenem Wasser bedeckt. Dabei ist Eis nicht gleich Eis: Einzigartig ist allein seine optische Vielgestalt. Auch stammt es aus völlig unterschiedlichen Quellen. Während das Eis der Gletscher aus dem Schnee längst vergangener Epochen besteht, wird Meereis aus Eis gebildet, das häufig erst im vorangegangenen Winter entstanden ist. Allen Eisformen eigen ist aber eine faszinierende Schönheit, der sich kaum ein Betrachter entziehen kann — auch die Wissenschaftler nicht, die sich nach Spitzbergen aufgemacht haben, um mehr über die Ursachen des schwindenden Eises zu erfahren.

Nicht fest, nicht flüssig – Die seltsame Struktur von Meereis

Das im Meerwasser enthaltene Salz kann nicht in die sich bildenden Eiskristalle eingebettet werden, sondern wird von ihnen gleichsam zur Seite geschoben und immer stärker als flüssige Salzlake konzentriert. Das gefrorene Wasser und die flüssige Salzlake bilden, neben eingeschlossenen Luftbläschen, die beiden Hauptbestandteile von Meereis. Dieses ist also im Gegensatz zu Süßwassereis kein durchgängiger Festkörper, sondern besteht aus millimeterdünnen Eiskristallen, zwischen denen flüssige Salzlake eingebettet ist. Die flüssige Salzlake ist für die physikalischen Eigenschaften von Meereis von ebenso großer Bedeutung wie für die zahlreichen, in tieferen Schichten von Meereis lebenden Bakterien, Algen und Kleinstlebewesen. Aufgrund des hohen Salzgehalts der Salzlake gefriert diese auch bei sehr tiefen Temperaturen nicht, so dass Meereis auch unterhalb von −20 °C noch einen gewissen Flüssigkeitsanteil hat.

"Hallelujah!" Nur undeutlich sickert das Wort durch die dicken Daunen des Schlafsacks, weckt das schlaftrunkene Gehirn und verlangt sofortige, ungeteilte Aufmerksamkeit. Ein versehentlicher Stoß gegen die Zeltwand beim Aufsetzen löst eine rieselnde Wolke Raureif aus: gefrorener Atem der letzten Nacht, der den Schlaf aus den Gliedern treibt und einen endgültig aufweckt. Kälte überall – und ein seltsames, unwirkliches Leuchten, das von draußen ins Zelt hineindringt. Dem mühseligen Aufzerren des gefrorenen Zelt-Reißverschlusses folgt der erste Blick nach draußen. Und sofort wird deutlich, warum der Kollege, der dort draußen bereits fröhlich pfeifend mit dem Kocher hantiert, jenes Wort hervorgestoßen hat, das so unsanft den wohligen Schlaf beendet hat: Außerhalb des Zeltes erstreckt sich eine Landschaft, die aus nichts als gefrorenem Licht zu bestehen scheint. Ein Leuchten, Strahlen und Glitzern, das sich bis zum Horizont und noch darüber hinaus erstreckt. Eine Welt von eigentümlicher Schönheit, gleichzeitig unnahbar und herausfordernd, abweisend und doch anziehend.

Als der Hubschrauber gestern hier auf diesem Gletscher mitten in Spitzbergen landete und unsere kleine Expedition absetzte, war der Himmel von dichten Wolken bedeckt, die die Welt in müdes Grau tauchten. Wie anders sieht all das heute aus: Die zerklüfteten Bergspitzen, die diesen weißen, gefrorenen Eisfluss einfassen; der Fjord, in den sich dort unten unendlich langsam der Gletscher ergießt; das Eis auf dem Fjord, ein Gewirr von Eisschollen, die übereinandergeworfen, zerbrochen, von einzelnen Gletscherbruchstücken unterbrochen auf dem kalten Meerwasser treiben. Eine Eiswelt, die sich der Beschreibung durch Sprache fast entzieht, eine Welt, die so unverletzlich wirkt und dennoch so sehr vom Verschwinden bedroht ist. Und die ihre Schönheit einem einzigen Molekül verdankt: dem Zusammenschluss von zwei Wasserstoffatomen H_2 und einem Sauerstoffatom O zum Wassermolekül, das trotz seiner Einfachheit in der Lage ist, ganze Landstriche zu verwandeln. Dabei haben die Wassermoleküle in der sich vor uns ausdehnenden Landschaft teilweise schon seit langer Zeit als Eis existiert, teilweise wurden sie aber auch erst in den letzten Wochen und Monaten von Wasser in Eis umgewandelt.

Schnee von vorgestern

Das Gletschereis, an dessen Rand unsere beiden Zelte stehen, ist z.B. einige Hundert Jahre alt. Es besteht aus dem Schnee längst vergangener Epochen, wobei der Entstehungsprozess eines Gletschers dem immer gleichen Muster folgt. Der jeweils im Winter gefallene Schnee taut im Sommer nicht vollständig ab, so dass sich die ehemals typisch sechseckigen Schneekristalle in kugeligere Kristallformen umwandeln können. Diese frieren immer stärker zusammen und verwandeln so den Schnee in sogenannten Firn. Der Schnee, der in den folgenden Jahren und Jahrzehnten auf diesen Firn fällt, macht den gleichen Umwandlungsprozess durch und presst den ursprünglichen Firn immer stärker zusammen, wodurch dieser schließlich zu Eis wird.

Jede Bohrung in die Tiefe eines Gletschers stellt also gleichsam eine Zeitreise durch Schnee dar, der irgendwann einmal in der Vergangenheit auf den Gletscher gefallen ist. Dies gilt für kleinere Gletscher genauso wie für jene Gletscher, die die Antarktis und Grönland bedecken und die aufgrund ihrer gewaltigen Ausdehnung als Eisschilde bezeichnet werden. In der Antarktis wurde im Jahr 2004 im Rahmen von EPICA (European Project for Ice Coring in Antarctica) ein Eiskern gebohrt, dessen ältestes Eis aus einer Tiefe von über 3000 m stammt und ein Alter von knapp 900 000 Jahren hat. Da die ehemals im Firn eingeschlossene Luft zum Teil in kleinen Luftbläschen im Eis verbleibt, lässt die Analyse eines solchen Eiskerns Rückschlüsse auf die Zusammensetzung der Erdatmosphäre und auf die in der Vergangenheit herrschenden Temperaturen zu.

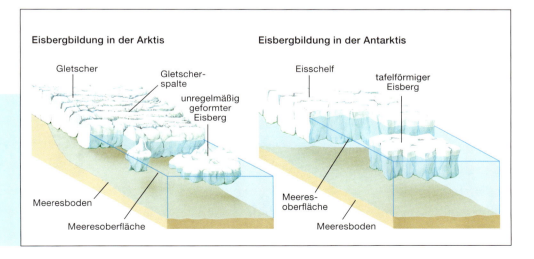

Die Eisberge in Arktis und Antarktis haben ein unterschiedliches Aussehen. In der Arktis »kalben« Gletscher in der Regel unregelmäßig geformte Eisberge, da das Eigengewicht der Gletscher am relativ steilen Festlandrand für Gletscherspalten – und damit Bruchkanten – sorgt. In der Antarktis lösen sich hingegen häufig gewaltige tafelförmige Eisberge aus dem Eisschelf (Schelfeis), wenn sich die Gletscher sehr weit aufs Meer hinausgeschoben haben.

EIS IM BRENNPUNKT

Ein bizarr geformter Eisabbruch schiebt sich am Rand des Festlandsockels der Antarktis auf das Meer hinaus. Nur etwa ein Zehntel des Eises ragt bei Eisbergen aus dem Wasser.

Im Laufe der Zeit speichert ein Gletscher gewaltige Mengen Süßwasser in Form von Eis und Firn. Bleibt die Gesamtmenge des gespeicherten Süßwassers etwa konstant, steht also der vom liegengebliebenen Schnee verursachten Eiszunahme ein etwa gleich großer Eisverlust gegenüber, spricht man davon, dass die Massenbilanz des Gletschers ausgeglichen ist. Während der kleine Gletscher, auf dem wir auf Spitzbergen arbeiten, »nur« einige Zigtausend Kubikmeter Wasser speichert, sind in den Eismassen der beiden Eisschilde auf Grönland und in der Antarktis unvorstellbare Süßwassermengen gespeichert. Sie allein machen 99 % des weltweiten Gletschereises und über 80 % des irdischen Süßwassers aus. Ein Abschmelzen all dieser Gletscher und Eisschilde würde den Meeresspiegel um über 70 m ansteigen lassen.

Schelfeis – Ein schwimmender Gletscher

Obwohl Eis auf den ersten Blick einen sehr festen Eindruck macht, befinden sich die Eismassen der Gletscher in fortwährender Bewegung. Nicht zuletzt deswegen haben wir unser Camp auch neben dem Gletscher aufgeschlagen, statt auf ihm. Eis ist aufgrund seiner Struktur in der Lage, sich unter großem Druck, wie er zum Beispiel durch die Eigenmasse eines Gletschers entsteht, langsam zu verformen, weshalb sich die Front eines Gletschers langsam hangabwärts vorschiebt.

Während alpine Gletscher einen Teil ihres Eises vor allem im Sommer als Gletscherschmelzwasser in Bäche und Flüsse abgeben, münden küstennahe Gletscher und die großen Eisschilde in Grönland und der Antarktis häufig unmittelbar ins Meer. Die Massenbilanz dieser Gletscher wird normalerweise nicht in erster Linie durch Schmelzwasser ausgeglichen, sondern vielmehr dadurch, dass Eismasse direkt ins Meer abgegeben wird, entweder in der Form von Eisbergen oder als sogenanntes Schelfeis.

In welcher Form das Eis ins Meer abgegeben wird, hängt insbesondere von der Topographie, also der Landschaftsform ab. Fließt das Eis auf einem relativ flachen Untergrund in Richtung Küste, so bricht das Eis häufig nicht direkt am Ufer ab und der Gletscher kann sich über große Distanzen aufs Meer hinausschieben. Ein solcher schwimmender Gletscher wird als Schelfeis (auch Eisschelf) bezeichnet, wobei dieses Schelfeis häufig eine Dicke von mehreren Hundert Metern erreichen kann. Die größten zusammenhängenden Schelfeisgebiete der Welt finden sich in der Antarktis, wo das Ross-Schelfeis und das Filchner-Ronne-Schelfeis jeweils etwa anderthalbmal so groß sind wie Deutschland.

Fließt das Eis eines Gletschers hingegen durch topographisch vielgestaltiges Gelände, so bilden sich häufig ausgeprägte Gletscherspalten. Mündet ein solcher Gletscher im Meer, brechen an der Front immer wieder größere Stücke Eis ab: Der Gletscher »kalbt« und produziert so mehr oder weniger große Eisberge. Dass Eisberge im Wasser schwimmen und nicht einfach untergehen, ist übrigens keinesfalls selbstverständlich, sondern beruht auf einer sehr ungewöhnlichen Eigenschaft des Wassermoleküls.

Erstarrendes Meerwasser –
Pfannkucheneis als Zwischenstation

Die beim Kalben »unseres Gletschers« entstandenen Eisberge machen aber nur einen kleinen Teil des Eises aus, das im Fjord dort unten herumtreibt. Der weitaus größere Teil besteht aus neu gebildetem Meereis, aus Meerwasser also, das im Laufe des Winters aufgrund der niedrigen Lufttemperaturen gefroren ist. Je nach Salzgehalt des Meerwassers bilden sich im Ozean bei Wassertemperaturen von etwa −1,8 °C erste kleine Eiskristalle, die bei ruhigem Wetter die Oberfläche des Ozeans rasch mit einer dünnen Eisschicht überziehen. Bei höheren Windgeschwindigkeiten und größeren Wellen werden die winzigen Eiskristalle so lange in den obersten Zentimetern der Wassersäule auf- und abgewirbelt, bis sich eine mehrere Zentimeter dicke, breiige

Anomalie des Wassers

Die Tatsache, dass Eis leichter als Wasser ist, beruht auf der Eigentümlichkeit von Wassermolekülen, untereinander sogenannte Wasserstoffbrückenbindungen auszubilden. Diese Bindungen beruhen darauf, dass die in einem Wassermolekül enthaltenen Elektronen vom achtfach positiv geladenen Atomkern des Sauerstoffatoms stärker angezogen werden als von den einfach positiv geladenen Atomkernen der Wasserstoffatome. Durch dieses Abziehen von Elektronen von den Wasserstoffatomen erhalten diese eine leicht positive Ladung, wohingegen das Sauerstoffatom eine leicht negative Ladung erhält. Das negativ geladene Sauerstoffatom eines Wassermoleküls zieht das positive Wasserstoffatom eines anderen Wassermoleküls an: Zwischen den beiden Molekülen bildet sich eine Wasserstoffbrücke. Aufgrund dieser Wasserstoffbrücken, die die Moleküle sehr eng aneinanderziehen, ist die Dichte von Wasser ungewöhnlich hoch.

Bildet sich Eis, ordnen sich die einzelnen Wassermoleküle in einer Kristallstruktur an, bei der sich jeweils sechs Moleküle zu einem Sechseck anordnen. Diese Struktur ist sehr lose gepackt, weshalb die Dichte von Eis relativ gering ist. Wäre Eis schwerer als Wasser, würde es im Winter auf den Boden absinken, das Wasser an der Oberfläche wäre immer in direktem Kontakt mit der kalten Luft und Seen, Flüsse und Meere könnten komplett zufrieren. Leben auf der Erde wäre dann kaum entstanden.

Masse gebildet hat, die aus Eiskristallen und Meerwasser besteht. Innerhalb dieser Masse frieren größere Gruppen von Eiskristallen zusammen und bilden Pfannkucheneis – Eisschollen, die wie kleine Pfannkuchen aussehen. Im Laufe der Zeit werden diese Eisschollen immer größer und dicker und frieren schließlich zu einer geschlossenen Eisdecke zusammen.

Solange die Luft über dem Meereis kälter als der Gefrierpunkt des Meerwassers ist, wird dem Meer durch das Eis hindurch Wärme entzogen. Da sich das Wasser bereits am Gefrierpunkt befindet, wird beim weiteren Entzug von Wärme an der Eisunterseite neues Eis gebildet; die Eisdicke nimmt zu. Aufgrund des hohen Isolationsvermögens von Eis sinkt der Wärmetransport vom Meer in die Atmosphäre, je dicker das Eis wird. Daher wächst dickes Meereis deutlich langsamer als dünnes Eis; die Dicke von Meereis beträgt auch nach mehreren Jahren höchstens einige Meter. Auch dickes Meereis besteht allerdings nicht nur aus gefrorenem Wasser, sondern zusätzlich noch aus flüssiger Salzlake.

Ob dickes oder dünnes, wachsendes oder schwindendes Eis: Die weiße Landschaft um uns herum wirkt im Augenblick vollständig erstarrt, vollkommen lautlos, geradezu statisch. Und dennoch ist sie im Moment in einem Wandel begriffen, der ihre Schönheit möglicherweise auf Dauer zerstören kann. Um diesen Wandel zu erforschen, kommen immer mehr Wissenschaftler in diese Region. Ihr Anliegen ist auch, die Hoffnung nähren zu können, die Faszination dieser Weite kommenden Generationen zu erhalten – damit auch diese noch eintauchen können in das bezaubernde gefrorene Licht der Polargebiete.

Die Schnee- und Eislandschaften der Polargebiete wirken statisch, dabei sind sie derzeit einem Wandel unterworfen, der ihre Existenz bedroht.

Gefriert Meerwasser an der Oberfläche aufgrund niedriger Lufttemperaturen, entsteht – wie hier im antarktischen Weddellmeer – sogenanntes Pfannkucheneis: Gruppen von Eiskristallen finden sich zu kleinen Eisschollen zusammen.

IM ZWIESPALT – EIS ALS BEDROHUNG UND RÜCKZUGSRAUM

Einzigartiger Lebensraum und todbringende Gefahr: Während viele Tier- und Pflanzenarten auf die Existenz von Meereis angewiesen sind, bedeuten im Meer treibende Eisberge und meterdickes Packeis eine ernstzunehmende Gefahr für Schifffahrt und Infrastruktur. Die Pinguine nutzen die treibende Eisscholle, um sich von den Strapazen der Jagd ungestört ausruhen zu können, während der russische Eisbrecher »Kapitän Khlebnikov« an einer eisfreien Fahrrinne interessiert ist.

Die Tiere und Pflanzen der Polargebiete haben sich im Laufe der Evolution so perfekt an das Vorhandensein von Eis angepasst, dass sie häufig kaum ohne Eis überleben könnten. Für sie ist Eis der natürliche Lebensraum. Mit einer Vielzahl von Tricks und Anpassungsleistungen haben es diese Lebewesen geschafft, sich auf, im und unter dem Eis einzurichten. Ein Rückgang des Eises stellt für sie eine ernstzunehmende Gefahr dar, die möglicherweise ganze Arten auslöschen und damit das Ökosystem der Polarregionen (und darüber hinaus) erheblich verändern könnte.

Auch die Menschen, die seit Hunderten von Jahren in den nördlichen Polargebieten leben, sind in ihrem traditionellen Lebensstil auf das Vorhandensein von Eis angewiesen, sei es als Jagdgebiet, als Verkehrsweg oder Gefrierschrank. Von anderen wird Eis hingegen primär als Gefahr wahrgenommen: Eisberge stellen durch ihre Masse, Beweglichkeit und schlechte Erkennbarkeit eine nicht zu unterschätzende Gefährdung der Schifffahrt dar, Meereis kann Schiffe einschließen und auch Bohrinseln werden durch Treibeis sowie Eisberge bedroht.

EIS IM BRENNPUNKT **69**

Optimale Anpassung

Für eine Vielzahl hoch spezialisierter Tier- und Pflanzenarten ist Eis ein perfekter Lebensraum. Hervorragend angepasst, gedeihen sowohl in der Arktis als auch in der Antarktis eine Reihe von Arten im und am Eis und stellen häufig zentrale Bestandteile der polaren Nahrungsketten dar.

Für die im Eis lebenden Organismen ist die Mikrostruktur von Meereis von großer Bedeutung. Dieses besteht aus einer Mischung von einzelnen millimeterdünnen Eiskristallen und dazwischen eingelagerter flüssiger Salzlake. In dieser Salzlake liegen Nährstoffe in hochkonzentrierter Form vor, so dass Meereis gerade im Sommer einer Vielzahl von Eisalgen als Lebensraum dienen kann. Eisalgen lagern sich an den Eiskristallen an und lassen sich von der Salzlake mit Nährstoffen umspülen. Die Eisalgen dienen wiederum einer Vielzahl von Tierarten als Nahrungsquelle, vor allem dem Antarktischen Krill, der eines der »Schlüsselelemente« der Nahrungskette am Südpol darstellt.

Das Wasser der polaren Meere hat häufig eine Temperatur unterhalb von Null Grad Celsius und gefriert aufgrund seines Salzgehalts erst bei ungefähr −1,8 °C. Manche Fische haben spezielle Kälteschutzproteine entwickelt, die ihnen ein Überleben bei solch niedrigen Temperaturen ermöglichen. Ohne diese nützlichen Proteine bestünde die Gefahr, dass sich im Körper der Fische Eiskristalle bilden, die das umgebende Gewebe zerstören könnten.

Oben: Farbenfrohe Gourmets – Seesterne und Seeigel haben sich einen ganz besonderen Lebensraum erschlossen. Sie weiden auf der Unterseite von Meereis die dort wachsenden Algen ab.

Mitte: Der Shrimpartige Antarktische Krill ernährt sich insbesondere im Frühjahr zu einem großen Teil von Algen, die an der Unterseite von Meereis wachsen. Für diese Art der Nahrungsaufnahme besitzen die Tiere spezielle Borsten, mit denen sie die Algen gleichsam vom Eis abschaben können.

Unten: Manche Fischarten der Polargewässer legen ihre Eier direkt im Eis ab. Dieses Gelege eines Antarktisdorsches ist in einer kleinen Höhle innerhalb eines Eisbergs gut geschützt.

Rechts: Ein Antarktisdorsch versteckt sich in einer Eismulde. Die verschiedenen Gattungen der Antarktisdorsche besitzen spezielle Frostschutzproteine, um in den kalten Gewässern der Antarktis und sogar im Eis überleben zu können. Die Kehrseite der Medaille: In Wasser mit einer Temperatur von mehr als plus sechs Grad Celsius sind die Fische nicht überlebensfähig.

70 EIS IM BRENNPUNKT

Oben: Nur etwa ein Zehntel eines Eisbergs befindet sich über der Wasseroberfläche. Unter Wasser dehnen sich Eisberge in alle Richtungen sehr viel weiter aus. Schiffe müssen daher versuchen, Eisberge in großem Abstand zu passieren.

Links: Höchste Konzentration – die Fahrt mit einem Eisbrecher durchs Packeis ist vor allem bei Dunkelheit ein gefährliches Unterfangen. Im Lichtkegel eines Scheinwerfers versucht der Kapitän, mit dem Eis treibende Eisberge und sogenannte Presseisrücken zu erkennen und ihnen weiträumig auszuweichen. Die Presseisrücken entstehen, wenn Eisschollen von Wind und Strömungen gegeneinandergeschoben werden und sich so zu meterhohen Wällen auftürmen.

Weiße Riesen auf Kollisionskurs

Eisberge stellen noch immer eine nicht zu unterschätzende Gefahr für die Schifffahrt dar. Auch wenn im Zeitalter moderner Radarortung ein Schiffsunglück wie jenes der »Titanic«, deren Wrack 1985 vor der Küste Neufundlands entdeckt wurde **(Bild links)**, als relativ unwahrscheinlich gilt, kann die schiere Masse eines Eisbergs auch moderne Schiffe schwer beschädigen. Diese Gefahr zu minimieren, gilt als eine der größten Herausforderungen, wenn im Zeitalter rückläufigen Meereises über eine zunehmende Nutzung des Nordpolarmeeres für die Handelsschifffahrt nachgedacht wird. Ein Schiffsunglück in diesen Gewässern würde zu kaum abschätzbaren Folgen für das polare Ökosystem führen. Dies liegt auch daran, dass sich austretendes Öl unter dem Eis sammeln und von diesem über weite Strecken transportiert werden könnte.

EIS IM BRENNPUNKT 73

Menschen, Meer und Eis

Seit Menschen im Eis verkehren, gibt es verschiedene Strategien, sich mit dem Vorhandensein von Eis auseinanderzusetzen. Den ersten Walfängern, die sich mit ihren Segelschiffen im 17. Jahrhundert bis in das arktische Spitzbergen vorwagten, blieb nichts anderes übrig, als angesichts einer zugefrorenen Eisdecke umzukehren oder an Land auf das abschmelzen des Meereises zu warten. Heutige Eisbrecher können dagegen auch noch in mehrere Meter dickem Eis problemlos navigieren. Für die meisten modernen Schiffe stellt Eis jedoch nach wie vor ein bedrohliches Hindernis dar. Einmal vom Eis eingeschlossen, besteht die Gefahr, dass der Schiffsrumpf von den gewaltigen Kräften, die im Packeis wirken, wie eine Nussschale zerquetscht wird.

Für die grönländischen Fischer ist deshalb nur im Sommer Fangsaison. Dann zieht sich das Eis zurück und das Meer ist offen. Mit dem Winter frieren die Fjorde und Buchten zu, die Schiffe müssen an Land bleiben.

Oben: Der deutsche Forschungseisbrecher »Polarstern« gilt trotz seines Alters von über 25 Jahren als eines der modernsten und leistungsfähigsten Polarforschungsschiffe der Welt. Im Sommer 2008 durchfuhr die Polarstern als erstes Schiff innerhalb einer Saison sowohl die Nordost- als auch die Nordwestpassage.

Links: Wenn in Grönland im Winter das Meer vor einigen Küstensiedlungen komplett zufriert, sind Schiffe und Boote so lange unbrauchbar, bis sie entweder freitauen oder von einem Eisbrecher befreit werden.

Oben: Nordwestlich von Neufundland versucht die Besatzung eines Spezialschleppers, in rauer See ein Schleppseil an einem Eisberg zu befestigen, um diesen von seinem Kollisionskurs mit einer Bohrinsel abzubringen. In diesem Fall hatte der Eisberg eine Masse von etwa 150 000 t und war damit etwa dreimal so schwer wie die Titanic, die 1912 in dieser Gegend nach der Kollision mit einem Eisberg gesunken war.

EIS IM BRENNPUNKT **75**

GLOBAL VERNETZT – WIE ARKTIS UND ANTARKTIS DAS WELTKLIMA BEEINFLUSSEN

Heulende Stürme peitschen eine Wand aus Schneekristallen über den weißen Eispanzer der Antarktis. Diese vom Inneren der Eiskappe Richtung Küste blasenden Polar-Orkane treiben nicht nur gigantische Wasserströmungen an, wenn sie an der Küste auf das Meer treffen, sondern steuern auch das Klima in einigen Regionen der Erde. Ähnliche Winde blasen auch von der Eiskappe Grönlands in die Labradorsee und geben dort gigantischen Meeresströmungen zusätzlichen Schwung. Ohne diesen Polareis-Antrieb könnte auch die warme Strömung des Golfstroms abreißen, die dem Westen Europas ein überraschend mildes Klima beschert. Noch eine Reihe weiterer Mechanismen machen die Polargebiete zu einer entscheidenden Klimamaschine für den gesamten Globus.

Apfelblüte am Sörfjord an der Küste Südwestnorwegens: Der warme Nordatlantikstrom, ein Ausläufer des Golfstroms, beschert diesem relativ weit nördlich gelegenen Landstrich ein gemäßigt-mildes Klima.

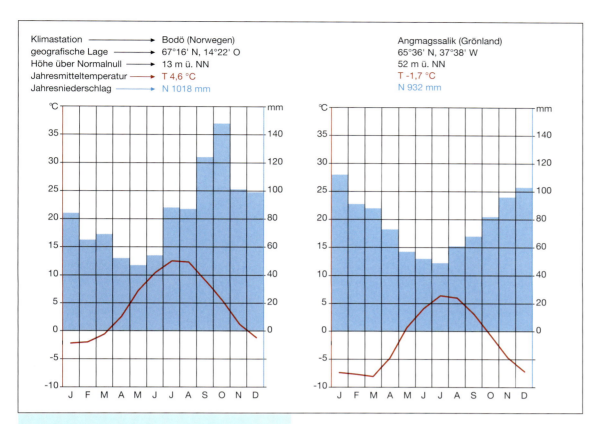

Auswirkungen des Golfstroms im hohen Norden:
Im norwegischen Bodö ist es im Jahresmittel um 6,3 °C wärmer als im grönländischen Angmagssalik. Dieser Temperaturunterschied tritt im Jahresverlauf in jedem einzelnen Monat auf (rote Linie). Beide Orte befinden sich auf annähernd gleicher geografischer Breite. Auch die Niederschlagsverteilung ist verschieden (blaue Balken).

Eiskalt: Die größte Wüste der Welt

Aus dem eisigen Wasser rund um die Antarktis verdunstet sehr wenig Wasser. Daher ist die Luftfeuchtigkeit in der Region relativ niedrig. In der Antarktis selbst fallen dementsprechend extrem wenig Niederschläge. Aus diesem Grund gilt der weiße Kontinent um den Südpol als die größte Wüste der Welt. In seinem Inneren fallen in einem Jahr durchschnittlich gerade einmal 40 Liter Niederschlag auf jeden Quadratmeter. Im Laufe der Jahrtausende aber sammeln sich diese Schneemassen immer weiter an, da Temperaturen über Null Grad Celsius praktisch nie auftreten. Im Laufe der Zeit verdichtet sich der Schnee unter seinem eigenen Gewicht zu Eis, das sich schließlich zu mehr als 3000 m hohen Schichten auftürmen kann.

Vor 200 Millionen Jahren war die heutige Antarktis das Herzstück des Urkontinents Gondwana. Als dieser Superkontinent auseinanderbrach, driftete die Antarktis langsam nach Süden und kam vor rund 120 Millionen Jahren am Südpol an. Obwohl dort viel weniger Sonnenenergie einstrahlt als in Regionen näher am Äquator, vereiste die Antarktis zumindest vorerst nicht komplett. Noch immer lebten wärmeliebende Dinosaurier und Beuteltiere auf dem Südkontinent. Vor vielleicht 43 Millionen Jahren mögen zwar in den Gebirgen Gletscher entstanden sein, die zum Teil auch das Meer erreichten, große Gebiete jedoch waren immer noch eisfrei.

Vor 35 Millionen Jahren aber brachen die Landbrücken, die vorher die Antarktis mit Südamerika und Australien verbunden hatten. Plötzlich konnte der dort kräftig wehende Westwind das kühle Wasser des Südpolarmeeres in einem riesigen Kreisel rund um den Südpol treiben. Dieser Ringstrom isolierte die Antarktis von den warmen Wassermassen der Tropen. Ohne diese Warmwasserheizung aus dem Norden begann die Antarktis schließlich vor ziemlich genau 35 Millionen Jahren zu vereisen.

Ringströme aus Eiswasser

Der weiße Schnee auf dem Eis reflektiert fast jedes Quantum Energie wieder in den Weltraum zurück, das die Sonne auf den Boden strahlt. Je größer die Eisflächen der Antarktis also wuchsen, umso mehr Energie wurde zurückgeworfen, umso weniger (Wärme-)Energie blieb in der Antarktis und umso tiefer sanken die Temperaturen. Heute lassen die gigantischen Eismassen im Zentrum des sechsten Kontinents die Temperaturen bis unter −80 °C absacken. Diese eiskalte Luft fließt von den Eismassen, die sich oft mehrere Tausend Meter über den Meeresspiegel erheben, häufig in Sturmstärke hinunter zum Meer und kühlt das Wasser dort kräftig ab. Im Winter friert dadurch rund um die Antarktis ein Wassergürtel zu Packeis, das im September mit rund 20 Millionen km² beinahe die fünffache Fläche der Europäischen Union bedeckt. Wenn das Meerwasser friert, konzentriert sich das gelöste Salz im extrem kalten Wasser direkt unter dem Eis. Dadurch wird dieses Wasser sehr schwer, sinkt zum Grund und schießt als mächtiger, eiskalter Strom am Grund des Meeres bis über den Äquator hinaus nach Norden.

Bis zum Februar schmilzt der Packeisgürtel im Antarktis-Sommer auf ein Fünftel seiner größten Ausdehnung zusammen. Dieses Schmelzwasser bildet nun eine 150 bis 250 m dicke salzarme Schicht mit eisigen Temperaturen an der Oberfläche des Südpolarmeeres. Die heftigen Winde aus dem Innern der Antarktis treiben diese relativ leichte Wasserschicht an der Oberfläche der Meere erst einmal nach Norden. Dort lenken kräftige Westwinde die Wassermassen nach Osten ab. Dadurch entsteht ein eiskalter Strom, der wie ein gigantischer Ring im Uhrzeigersinn um die Antarktis kreist. Dieser Ringstrom isoliert die Antarktis nun seit 35 Millionen Jahren vom wärmeren Wasser aus den Tropen und macht den sechsten Kontinent zur größten Kühlkammer der Erde.

Am nördlichen Rand dieses Ringstroms sinkt ungefähr auf dem 50. Breitengrad Süd das eiskalte Antarktiswasser in die Tiefe. Weil hier das warme Wasser aus subtropischen Bereichen auf die kalte Strömung trifft, heißt dieser Bereich »antarktische Konvergenz«, die gleichzeitig für Geografen die nördliche Grenze des Südpolarmeers ist. Die antarktische Konvergenz, die eine Breite von rd. 50 km hat, bildet zugleich eine biologische Grenze.

Temperaturschaukel Arktis

Lange stand in den Lehrbüchern, dass sich vor rund 45 oder 43 Millionen Jahren in der Antarktis die ersten größeren Gletscher in den Bergen bildeten, während in der Arktis erst mit erheblicher Verspätung vor rund zehn oder 14 Millionen Jahren das erste Eis auftauchte. Allerdings gab es aus dem hohen Norden praktisch keinerlei Klimadaten aus dieser Zeit. Diese gewinnen Klimaforscher nämlich meist aus Sedimenten, die sich über Jahrmillionen am Meeresboden ablagern. Von einem Schiff aus bohren Wissenschaftler tief in den Untergrund hinein und können dann die einzelnen Schichten der Ablagerungen untersuchen. In der Arktis aber bedeckt das ganze Jahr über eine dicke Eisschicht das Meer, kein Forschungsschiff kann

EIS IM BRENNPUNKT 77

dort bohren. Das Eis auf dem Meer wiederum schwimmt zu schnell, um von dort aus in den Untergrund zu bohren.

Um endlich Klimadaten aus dem Nordpolarmeer selbst zu erhalten, startete daher im August 2004 eine spektakuläre Expedition. Der russische Atom-Eisbrecher »Sowetskiy Sojus« und der schwedische Forschungseisbrecher »Oden« bahnten sich durch dickes Meereis ihren Weg bis zu einem unter dem Meeresspiegel liegenden Gebirgsrücken, den Geologen Lomonossowrücken nennen und der nur 225 km vom Nordpol entfernt liegt. Dort hielten diese beiden Schiffe wiederum dem schwedischen Eisbrecher »Vidar Viking« das dickste Eis vom Rumpf, auf dem ein Bohrturm stand.

Nach einem Kilometer Wasser war der Lomonossowrücken erreicht, rund 430 m fraßen die Bohrer sich dort in den Untergrund. Der gewonnene Bohrkern ermöglichte den Forschern dann den lang ersehnten ersten Einblick in die Klimageschichte der letzten 56 Millionen Jahre im hohen Norden.

Der schwedische Eisbrecher »Vidar Viking« im Packeis des Nordpolarmeeres: 2004 war das Schiff an vielbeachteten internationalen Klimaforschungen beteiligt, die Aufschlüsse über die Klimageschichte der Arktis brachten.

Ganz am Anfang war das Meer dort rund 18 °C warm, wie die Überreste von Meeresorganismen beweisen, die ausschließlich in so temperiertem Wasser leben. Wie in anderen Teilen des Globus auch, stiegen die Temperaturen in der Nähe des Nordpols vor 55 Millionen Jahren kräftig an. Mit 23 °C lud das Wasser damals zum Schwimmen ein. Anschließend aber wurde es rasch kälter: Vor 49 Millionen Jahren schwammen um den Nordpol sogenannte Azolla-Farne im Eismeer, die sich bei Temperaturen um zehn Grad Celsius wohlfühlen.

Die große Überraschung aber kam in Gestalt kleiner Steinchen von zwei oder drei Zentimetern Durchmesser, die Rüdiger Stein und Jens Matthiessen vom Alfred-Wegener-Institut in Bremerhaven in Sedimentschichten fanden, die rund 45 Millionen Jahre alt sind. Diese Steinchen können kaum auf dem Wasser zum Nordpol

Vor 55 Millionen Jahren herrschte am Nordpol Badetemperatur, zehn Millionen Jahre später dann Eiseskälte.

geschwommen sein, nur Eis oder Eisschollen können solch relativ schwere Teilchen dorthin transportiert haben. Zumindest zeitweise muss es damals also bereits Eis auf dem Eismeer gegeben haben. Das erste Eis tauchte in der Arktis also ähnlich früh wie in der Antarktis auf.

Damit ist aber auch die Ursache für die Abkühlung klar: Nur ein Ereignis wie eine Abnahme der Treibhausgase in der Atmosphäre kann das gleichzeitige Auftreten von Eis an beiden Polen hinreichend erklären.

Amerika friert ein

Als sich vor 4,2 bis 2,4 Millionen Jahren die Landenge von Panama schloss und sich zwischen Nord- und Südamerika eine Landbrücke bildete, wurde der tropische Atlantik vom Pazifik getrennt. Zentralamerika lenkt seither das warme Tropenwasser, das die Passatwinde im Atlantik nach Westen treiben, in den Golf von Mexiko um. Südlich von Florida schießt diese Strömung als Golfstrom wieder in den Atlantik und fließt nach Norden und Nordosten weiter. Dort aber verdunstet aus dem warmen Wasser der Strömung erheblich mehr Wasser als aus anderen Meeren in ähnlich hohen Breiten. So bilden sich mehr Wolken, die zumindest in der kalten Jahreszeit über Grönland, Nordamerika und Nordeuropa schon vor wenigen Millionen Jahren kräftige Schneefälle brachten.

Nun kreist die Erde aber nicht auf einer perfekten Bahn um die Sonne, sondern »eiert« eher um das Zentralgestirn. Ungefähr alle 100 000 Jahre kommt die Erde daher für ein paar Jahrtausende in eine Position, in der die Sonnenwärme in den hohen Breiten Nordamerikas und Nordeuropas knapp wird. Im Norden des Bottnischen Meerbusens zwischen Schweden und Finnland fallen dann am 65. Breitengrad im Sommer nur noch 420 Watt

Kalte Ströme verursachen Wüstenbildung

Wenn die nördlichen Ausläufer des Ringstroms um die Antarktis auf die Küsten Südamerikas treffen, werden sie abgelenkt. Als eiskalter Strom fließt dieses Antarktis-Wasser entlang der Pazifikküste von Chile und Peru nach Norden und kühlt die tropischen Küsten dieser Länder um sieben oder acht Grad. Erst kurz vor dem Äquator biegt dieser Humboldtstrom auf den offenen Pazifik hinaus und bringt selbst noch den Galapagos-Inseln ein relativ kühles Klima mitten in den Tropen. Die Antarktis beeinflusst also auch das Klima am Äquator.

Genau wie vor Südamerika fließt auch an der Atlantikküste Afrikas das kalte Wasser aus der Antarktis als Benguelastrom nach Norden. Ähnlich wie in Südamerika kühlt auch in Afrika das kalte Wasser die Küste kräftig ab: Über dem kalten Meeresstrom kondensiert die Luftfeuchtigkeit zu Nebel, der sich auf dem Wasser oder am Küstenstreifen niederschlägt. Die weiter landeinwärts liegenden Gebiete bekommen so kaum noch Feuchtigkeit ab. Daher hat sich an der Pazifikküste Südamerikas die Atacama-Wüste und an der Atlantikküste des südlichen Afrika die Namib-Wüste gebildet.

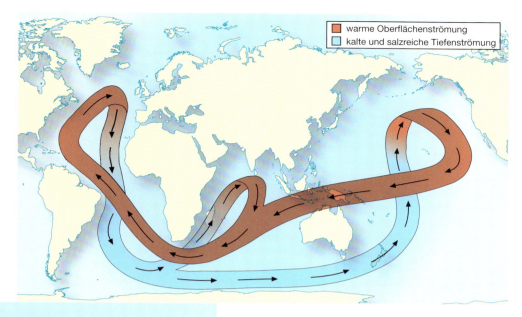

Das globale Förderband: Das warme Oberflächenwasser sinkt im Nordatlantik ab und kehrt als kalter, salzreicher Tiefenstrom Richtung Antarktis zurück. Im Indischen bzw. Pazifischen Ozean taucht er wieder auf, wendet sich westwärts und umrundet als warmer Oberflächenstrom Afrika in Richtung Nordatlantik.

Der Treibhauseffekt

Das Sonnenlicht durchstrahlt die klare Atmosphäre der Erde wie die Glasscheiben eines Treibhauses relativ ungehindert und heizt so den Boden darunter kräftig auf. Der aufgewärmte Boden wiederum gibt ebenfalls Strahlung ab, allerdings weniger als sichtbares Licht, sondern mehr als Infrarotstrahlung. Diese Wärmestrahlung aber durchdringt normales Fensterglas kaum. Damit ist die einmal eingestrahlte Energie im Inneren eines Treibhauses gefangen, so dass sich auch bei frostigen Außentemperaturen die Luft im Inneren kräftig aufheizt. In der Erdatmosphäre wiederum gibt es eine Reihe von Gasen, die ebenfalls die infrarote Wärmestrahlung absorbieren und so die Wärme in den tieferen Luftschichten halten. In Anlehnung an die Treibhäuser der Gärtner werden diese Gase »Treibhausgase« genannt. Die wichtigsten Treibhausgase sind Wasserdampf, Kohlendioxid, Methan und Ozon. Ohne den von ihnen ausgelösten Treibhauseffekt wäre es auf der Erde rund 33 °C kälter. Somit ist dieser Effekt grundsätzlich erst einmal positiv für unseren Planeten.

Sonnenenergie auf einen Quadratmeter Boden, erklärt Klimaforscher Frank Sirocko von der Universität Mainz.

Dadurch sinken die Temperaturen in diesen Regionen. Als der Golfstrom vor mehr als zwei Millionen Jahren die Schneefälle im hohen Norden im Winter kräftiger werden ließ, schmolz in dieser Situation mit weniger als 420 Watt Sonnenstrahlung auf den Quadratmeter der Schnee im Norden Kanadas auch im Sommer nicht mehr vollständig weg. Die zunehmende Schneedecke reflektierte wiederum mehr Sonnenenergie, so dass die Spirale einer fortschreitenden Abkühlung in Gang gesetzt wurde. Mit der Zeit wuchs die Schneedecke so über weite Teile Nordamerikas.

Nach und nach verdichteten sich die fragilen Schneeflocken zu massivem Eis. Vor ungefähr 120 000 Jahren brach in Nordamerika dann die bislang letzte Eiszeit an (Wisconsin-Eiszeit). Ihr entspricht in Europa die Weichsel-Würm-Eiszeit, die etwas später einsetzte.

Ein Eisschrank holt warmes Wasser

Die warmen Fluten des Golfstroms können zwar eine Eiszeit auslösen. Andererseits aber benötigen sie ihrerseits das Eis der nördlichen Polargebiete, um so richtig Schwung zu holen. Dieser Zusatzantrieb beginnt mit den kalten Winden von den Gletschern Grönlands, die das Wasser des Eismeeres kräftig abkühlen und damit das Klima auf einem größeren Teil der Erde beeinflussen: Kaltes Wasser ist schwerer als warmes und sinkt in die Tiefe. Zwischen Skandinavien und Grönland ähnelt der Grund des Eismeeres einer gigantischen Schüssel, in der sich kaltes Wasser erst sammelt und dann an der tiefsten Stelle des Randes überschwappt. Zwischen dem Süden Grönlands, Island, den Färöer-Inseln sowie dem Nordwesten Schottlands schießen daher jede Sekunde sechs Milliarden Liter Wasser über den Schüsselrand des Eismeergrundes nach Süden.

Ähnlich bildet sich kaltes Tiefenwasser im Süden Islands und in der Labradorsee zwischen Grönland und Kanada. Insgesamt transportiert dieser Strom in der Tiefe des Nordatlantiks mit 20 Milliarden Liter 20mal mehr Wasser nach Süden als alle Flüsse der Erde zusammen. Erst an der Küste der Antarktis quillt dieses Tiefenwasser wieder in die Höhe. In den oberen Schichten des Atlantiks fließt es dann nach Norden und wird von der Tropensonne kräftig aufgeheizt. Passatwinde treiben das Wasser vom tropischen Atlantik nach Zentralamerika. Von dort schießt der mächtige Warmwasserstrom in den Nordatlantik und schiebt relativ warmes Wasser an Europas Küsten vorbei bis nach Skandinavien und sogar bis Spitzbergen. »Nordatlantikstrom« nennen die Forscher diesen Ast des Strömungssystems, der gleichzeitig als Warmwasserheizung Europas dient.

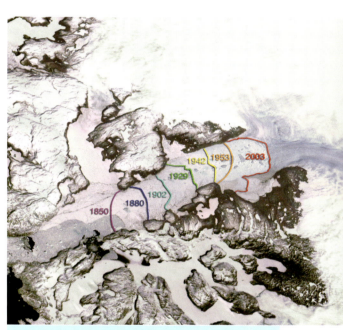

Gletscher auf dem Rückzug: Darstellung der Kalbungsfront des grönländischen Gletschers Jakobshavn Isbrae im Zeitraum von 1850 bis 2003. Der deutlich erkennbare Rückzug der Gletscherzunge beschleunigte sich zwischen 2001 und 2003 erheblich. Mittlerweile hat wieder eine Verlangsamung des Prozesses eingesetzt.

Diese Warmwasserheizung aber kann ausfallen: Lässt der Klimawandel die Temperaturen steigen, verdampft mehr Wasser aus den Ozeanen. So wandern mehr Wolken und Niederschlag in das Eismeer. Regen- und Schneefälle aber verringern den Salzgehalt des Meerwassers dort. In der Konsequenz sinkt weniger Wasser in die Tiefsee und weniger Wasser schwappt über den Tellerrand und schießt als Tiefwasserstrom Richtung Süden. Schalten steigende

EIS IM BRENNPUNKT 79

Niederschläge den Tiefwasserstrom sogar ganz aus, fehlt also sozusagen eine Hauptpumpe, die warmes Wasser nach Europa zieht – und die Alte Welt könnte ganz schön ins Frieren geraten.

Dammbruch stoppt Warmwasserheizung

Ein solches Versiegen des Nordatlantikstroms ist nicht nur ein Gedankenspiel von Klimaforschern, sondern war bereits mindestens einmal bitterkalte Realität. Im Dezember 2007 fanden Helga Flesche Kleiven von der Universität im norwegischen Bergen und ihre Kollegen nämlich eindeutige Beweise für einen Stopp der Tiefenwasserströme, die Europas Warmwasserheizung andrehen. Die Forscher untersuchten die Ablagerungen des Meeresbodens in rund 3440 m Wassertiefe wenige Hundert Kilometer südlich der Südspitze Grönlands: In einer Sedimenttiefe zwischen 345 und 315 cm fanden sie in dieser Ablagerungsschicht erheblich weniger

Schneeschmelze in der Tundra Alaskas: Nimmt der Anteil der von Vegetation bedeckten dunklen Flächen zu, wird weniger Sonnenlicht reflektiert und die Schmelze beschleunigt sich. Das Maß für das Rückstrahlvermögen von Oberflächen wird als Albedo bezeichnet. Frischer Schnee weist die höchste Albedo der Erde auf.

magnetische Gesteinssplitter als darunter oder darüber. Die weitaus meisten dieser Gesteinssplitter stammen aus Granitgestein des hohen Nordens und werden von Wasserströmungen in der Tiefe dorthin getragen. Deutlich weniger magnetische Gesteinssplitter in dieser Schicht deuten also auf eine abrupte Unterbrechung der Tiefenwasserströme vor 8380 Jahren hin – so alt ist nämlich der Meeresboden, der sich in 345 cm Sedimenttiefe befindet. Schon 100 Jahre später aber normalisierten sich die Verhältnisse wieder, wie die reichlicheren magnetischen Steinsplitter in 315 cm Sedimenttiefe belegen.

Damals müssen also große Mengen Süßwasser in den Nordatlantik geströmt sein. Auch auf die Herkunft dieser Süßwasserströme erhalten die Forscher einen Hinweis in den Sedimenten: Lagerten sich vor der Südspitze Grönlands vor dieser Zeit in 1000 Jahren etwa 90 cm Sediment ab, waren es ganze zwei Meter Ablagerung in 1000 Jahren, als die Tiefenströme stoppten.

Das lenkt den Verdacht auf einen »Agassiz« genannten See, in dem sich damals im Norden Nordamerikas das Wasser der schmelzenden Gletscher sammelte, die während der Eiszeit die Region mehrere Tausend Meter hoch bedeckt hatten. Weil im Süden das Land ansteigt und im Norden die letzten Eismassen den Weg in die heutige Hudson Bay versperrten, staute sich das Schmelzwasser schließlich zwischen diesen beiden Hindernissen in einem gewaltigen See. Mit 440 000 km² bedeckte er eine Fläche, die um fast 100 000 km² größer war als die Fläche des wiedervereinigten Deutschland.

Je höher sich das Wasser aber staute, umso größer wurde der Druck der Wassermassen auf den Eisdamm, der den See im Norden staute. Eines Tages hielt das Eis der Belastung nicht mehr Stand und barst. Die über die Hudson Bay in den Nordatlantik schießenden Wassermassen des ablaufenden Sees lieferten nicht nur das Süßwasser, das die Warmwasserheizung Europas abstellte, sondern trugen auch die Sedimente mit sich, die sich in dieser Zeit verstärkt am Meeresboden südlich von Grönland ablagerten.

Krüppelbirken statt Apfelbäume

Würde der Klimawandel heute diese Warmwasserheizung Europas erneut abstellen, würden die Temperaturen theoretisch schlagartig in den Keller fallen. Die Stadt Hamburg hätte dann die Verhältnisse, die zurzeit im norwegischen Narvik hoch im Norden des Polarkreises herrschen. Statt Apfelbäume würden nur noch Krüppelbirken wachsen. Allerdings halten praktisch alle Klimaforscher eine solche Entwicklung heute aus zwei Gründen für weitgehend ausgeschlossen: Zum einen treibt der Klimawandel ja gleichzeitig die Temperaturen weltweit und damit auch in Europa in die Höhe. Dadurch aber würde ein drohender Temperatursturz zumindest erheblich abgemildert. Obendrein schossen vor 8380 Jahren schlagartig große Süßwassermengen in das Eismeer und unterbrachen die Tiefenwasserbildung abrupt. Der Klimawandel steigert dagegen die Nieder-

Klimawandel

Vor Beginn der Industrialisierung schwebten pro eine Million Teilchen 280 Kohlendioxid-Moleküle in der Luft, Forscher sprechen von 280 ppm (»parts per million«). Kohlendioxid verursacht zusammen mit Wasserdampf, Methan und Ozon den natürlichen Treibhauseffekt auf der Erde. Als die Menschheit vor allem seit Beginn des 20. Jahrhunderts immer größere Mengen von Kohle, Gas und Öl verfeuerte, um Gebäude zu heizen, Fahrzeuge anzutreiben und elektrischen Strom zu erzeugen, stiegen die Kohlendioxidwerte in der Atmosphäre an. 2007 lagen sie bereits bei 381 ppm. Tatsächlich nehmen die CO_2-Emissionen derzeit drastisch zu, vor allem aufgrund der Entwicklung in Entwicklungs- und Schwellenländern wie China und Indien, wie der Wirtschaftsforscher Gernot Klepper vom Kieler Institut für Weltwirtschaft betont. Die jährliche Zunahme der Emissionen aus der Verbrennung fossiler Brennstoffe liegt demnach bei 3,5 %, nachdem sie vor 20 Jahren noch bei einem Prozent gelegen hat. Mehr Kohlendioxid in der Luft verstärkt aber auch den Treibhauseffekt. Selbst eine Halbierung des weltweiten CO_2-Ausstoßes bis 2050 und ein vollständiger Ausstieg aus der Kohlendioxid-Produktion bis 2100 würde laut Angaben des Potsdam-Instituts für Klimafolgenforschung (PIK) zu einer globalen Erwärmung von zwei Grad Celsius führen. Erste Studien halten bereits eine Erwärmung um 2,4 °C für unvermeidbar. Das PIK befürchtet auch einen Anstieg des Meeresspiegels um bis zu einen Meter. Der UN-Klimarat geht bislang in seinen Prognosen von bis zu 59 cm aus.

schläge und damit die Süßwasserzufuhr in dieser Region viel langsamer. Deshalb könnte die gigantische Pumpe zwar langsamer laufen, völlig ausfallen aber wird sie kaum. Szenarios einer neuen Eiszeit in Europa durch den Klimawandel sind daher also nicht angebracht.

Blubbernde Gefahr in den Polarmeeren

Allerdings kennen Klimaforscher noch ganz andere Prozesse in den Polargebieten, die das Klima auf dem gesamten Globus erheblich beeinflussen können. So leben in den Böden der Weltmeere jede Menge Mikroorganismen, die anders als höheres Leben nicht Kohlendioxid, sondern Methan ausatmen. Dieses Gas hat rund das 25fache Treibhauspotenzial von Kohlendioxid. Trotzdem beeinflusst es das Klima zunächst einmal wenig, weil sich Methan bei tiefen Temperaturen und hohem Druck mit Wasser zu sogenanntem Methanhydrat verbindet, das wie schmutziges Eis aussieht und keinerlei Treibhauswirkung hat.

> **Auf dem Boden der Meere ruht in Gestalt von Methanhydrat eine tickende Klima-Zeitbombe.**

Ein Unterwasserschlot im Atlantischen Ozean, um den sich Methanhydrat abgelagert hat. Erwärmt sich das Meerwasser durch den Klimawandel, könnten große Mengen des Treibhausgases Methan in die Atmosphäre aufsteigen und den Treibhauseffekt weiter verstärken.

Methanhydrat lagert vermutlich in sehr vielen Regionen am Grund der Weltmeere. Sinkt der Druck oder steigen die Temperaturen, zersetzt sich das Methanhydrat allerdings und das Treibhausgas Methan blubbert in die Luft. Da Mikroorganismen aber sehr große Mengen Methanhydrat angesammelt haben, befürchten einige Klimaforscher, dass der Klimawandel das Wasser der Meere aufwärmt und so schlagartig große Mengen Gas aus dem Methanhydrat freisetzen könnte, die ihrerseits die Temperaturen weiter in die Höhe treiben würden. Zudem haben erste Industrieländer wie beispielsweise Japan die Absicht bekundet, Methanhydrat zu fördern, um auch diese Energiequelle zu nutzen.

Der selbstständigen Freisetzung des Methanhydrats sind allerdings Grenzen gesetzt; es kommt normalerweise nur in größeren Meerestiefen vor, in denen sich Wasser nur extrem langsam erwärmt. Dort sollte die Substanz also trotz Klimaerwärmung noch einige Jahrzehnte sicher lagern. Anders ist die Situation aber in den Polarmeeren. Dort sind die Wassertemperaturen ohnehin niedriger, Methanhydrat kommt hier daher auch in flacherem Wasser vor. Je flacher das Wasser aber ist, umso rascher kann es sich erwärmen und desto schneller ist der Punkt erreicht, an dem das Methanhydrat instabil wird. Wann der Punkt in den Polarmeeren erreicht sein könnte, ab dem schlagartig große Methanmengen freigesetzt werden, die das Klima kräftig aufheizen würden, weiß bisher kein seriöser Klimaforscher. Daher raten sie, den Klimawandel möglichst effektiv zu unterbinden, um eine solche möglicherweise katastrophale Kettenreaktion zu verhindern.

EIS IM BRENNPUNKT **81**

KLIMAWANDEL – DIE POLARGEBIETE ALS FRÜHWARNSYSTEM

Es gibt wohl kaum andere Regionen auf der Erde, die durch den Klimawandel so sehr beeinflusst und verändert werden wie die Arktis und die Antarktis. Hier zeigt sich der Klimawandel bereits jetzt; die Prognosen für die nahe Zukunft sind hier besonders drastisch. Die erwartete Erwärmung wird in den Polargebieten deutlich höher ausfallen als in gemäßigteren Breiten: Bei einer durchschnittlichen Erderwärmung von zwei Grad Celsius wird für die Polargebiete eine Erwärmung von über acht Grad Celsius im Jahresmittel erwartet.

Gründe für diese starke Erwärmung der polaren Räume liegen in einer Reihe von Mechanismen, die sich wechselseitig beeinflussen. Sie bewirken, dass eine einmal einsetzende Erwärmung durch das polare Klimasystem selbst noch verstärkt wird. So reflektieren Eis und Schnee im Normalfall einen Großteil des einfallenden Sonnenlichts und sorgen dadurch für eine effektive Abkühlung der Polargebiete. Mittlerweile schmilzt das polare Eis aber an immer mehr Stellen; nicht nur wie hier im Bild im antarktischen Alta Bay, wo das Schmelzwasser zu Eiszapfen erstarrt. Verkleinert sich durch das Abschmelzen von Gletschern, Meereis und Schnee der polare »Sonnenlichtspiegel«, wird ein Großteil des Sonnenlichts vom sehr viel dunkleren Wasser oder Erdboden aufgenommen. Die Kühlung fällt aus.

Wissenschaftler aus aller Welt haben in den letzten Jahren ihre Forschungen in den Polargebieten verstärkt, um hier die ersten Auswirkungen der Klimaerwärmung zu beobachten und zu messen. Die Polargebiete stellen ein Frühwarnsystem dar, mit dessen Hilfe der Klimawandel besser verstanden werden kann. Insbesondere Veränderungen im polaren Ökosystem werden schon heute offensichtlich.

EIS IM BRENNPUNKT 83

Schwindende Eispracht
Der Muir-Gletscher in Alaska im Jahr 2004 **(Bild oben)** und im Jahr 1941 **(Bild rechts)**. In nur 60 Jahren hat sich der Gletscher um mehr als zwölf Kilometer zurückgezogen. Auch die meisten anderen Gletscher in Alaska sind in den letzten Jahrzehnten teilweise erheblich geschrumpft.

Das große Schmelzen

Weitaus schneller als von den Klimamodellen des Weltklimareports im Jahr 2007 vorausgesagt, schrumpft die im Sommer von Eis bedeckte Fläche des Arktischen Meeres. Während Roald Amundsen zu Beginn des letzten Jahrhunderts noch drei Jahre benötigte, um die sogenannte Nordwestpassage entlang der Küsten Kanadas und Alaskas zu durchfahren, waren im Sommer 2008 erstmals die Nordwestpassage und die Nordostpassage bei Sibirien zur gleichen Zeit weitgehend eisfrei.

Auch die polaren Gletscher ziehen sich – insgesamt betrachtet – immer weiter zurück. Während vor allem tiefer gelegene Gletscher, die direkt ins Meer münden, schrumpfen, nimmt die Eismasse im Inneren der Antarktis dagegen teilweise zu. Der Grund dafür ist, dass die durch den Klimawandel wärmere Luft mehr Feuchtigkeit und damit auch mehr Schnee transportieren kann, was zu zusätzlichem Eiswachstum in den kältesten Regionen der Erde führen kann. Insgesamt scheint aber in der Antarktis der Eisverlust zu überwiegen, was den Meeresspiegel langsam ansteigen lässt.

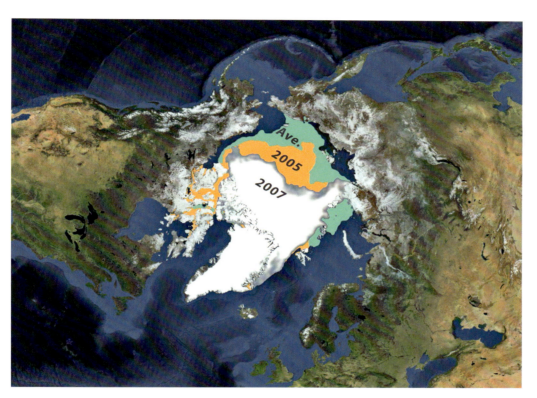

Oben: Ein Vergleich der mittleren Meereisausdehnung in der Arktis zum Ende des Sommers. Während die durchschnittliche Eisausdehnung in den Jahren 1979 bis 2000 (grün) bei etwa sieben Millionen Quadratkilometern lag, war sie bis zum Jahr 2005 (gelb) auf etwa fünf Millionen Quadratkilometer zurückgegangen. Der Verlust an Eisfläche entspricht etwa dem Sechsfachen der Gesamtfläche Deutschlands. Dieser Trend scheint sich fortzusetzen. Im Sommer 2007 waren nur noch vier Millionen Quadratkilometer des Arktischen Meeres von Eis bedeckt.

EIS IM BRENNPUNKT 85

Paradies auf Zeit

Die Tier- und Pflanzenarten der Polargebiete sind genauso wie die dort lebenden Völker perfekt an die Bedingungen eines eisigen Klimas angepasst. Durch Veränderungen im Klimasystem sind sie unmittelbar gefährdet. Traditionelle Lebensweisen sind möglicherweise ebenso vom Verschwinden bedroht wie zahlreiche Arten der Flora und Fauna. Das filigran abgestimmte Gefüge des Ökosystems kann dabei schon bei Verschiebungen in einer einzelnen Komponente aus dem Gleichgewicht gebracht werden. So sind Eisbärenweibchen für die Robbenjagd auf das Vorhandensein von Meereis angewiesen, wenn sie im Frühjahr mit ihren neugeborenen Jungen die normalerweise an Land gelegene Schneehöhle verlassen. Verschwindet das Meereis, sind nicht nur die Eisbären gefährdet. Auch Tiere wie der Polarfuchs laufen Gefahr, waghalsige Ausflüge unternehmen zu müssen, um an verschiedenen Festlandsbereichen Jagd auf Nager und brütende Vögel machen zu können **(Bild unten rechts)**.

Die arktische und subarktische Vegetation bekommt die Auswirkungen der Klimaerwärmung ebenfalls zu spüren. Zwergbirken breiten sich wie im finnischen Kilpisjärvi zunehmend nach Norden aus und verdrängen ursprünglich vorhandene Arten **(Bild unten Mitte)**. Durch die prognostizierte erhebliche Zunahme von Waldbränden in einem wärmeren, trockeneren Klima sind die ausgedehnten Baumbestände der hohen nördlichen Breiten genauso gefährdet wie durch den weiter zunehmenden Schädlingsbefall, z.B. durch Borkenkäfer.

Oben: Traditionellerweise dient das Meereis der indigenen Bevölkerung der Nordpolarregionen als Transportweg für Schlittengespanne. Aufgrund der Klimaerwärmung taut das Meereis jedoch wie hier in Kanada zunehmend ab und wird brüchiger. Die Passage über längere Meeresstrecken gerät damit zum unkalkulierbaren Risiko.

Links: Kaum ein anderes Lebewesen ist so sehr zum Symbol des Klimawandels geworden wie der Eisbär. In einer im Sommer eisfreien Arktis droht Müttern mit ihren Jungtieren der Hungertod, da die Raubtiere für ihre Jagd auf ihre Hauptnahrung – Robben – auf das Meereis angewiesen sind.

EIS IM BRENNPUNKT 87

Oben: Aus auftauenden Permafrostböden wie hier im Mündungsdelta der Lena (Russland) wird durch biologische Abbauprozesse Methan freigesetzt, ein Treibhausgas, das eine etwa 25mal so starke Treibhauswirkung hat wie Kohlendioxid. Somit beschleunigt sich dadurch der Treibhauseffekt, mit der Folge, dass wiederum weitere Permafrostböden auftauen.

Rechts: Ein Haus im Inuit-Dorf Shishmaref im Norden Alaskas ist umgestürzt. In der Vergangenheit hat Meereis die nördlichen Küsten Alaskas und Kanadas sehr effektiv vor Erosion geschützt. Das Meereis verhinderte, dass sich bei Stürmen eine allzu starke Brandung aufbauen konnte. Seit dem Rückgang des Meereises in den letzten Jahren haben insbesondere Frühjahrs- und Herbststürme zu einer erheblichen Zunahme der Küstenabbrüche geführt, die inzwischen ganze Dörfer in ihrer Existenz bedrohen.

Der Untergrund taut auf

Nicht nur der Rückgang der Eisflächen, sondern auch Veränderungen der Erdoberfläche an Land haben gravierende Auswirkungen auf das Klimasystem der Erde und das Leben der indigenen Bevölkerung in der Arktis. Durch das Auftauen von Permafrostböden wird zum einen der Treibhauseffekt in Zukunft möglicherweise erheblich beschleunigt, zum anderen führt das Auftauen zu schwerwiegenden Problemen für die Infrastruktur. Durch das großflächige Abtauen von tiefergelegenen Permafrostschichten wird der Erdboden instabil **(Bild unten)**. Häuser, Versorgungsleitungen oder auch Verkehrswege werden beschädigt. Ganze Landstriche können durch dieses Abschmelzen von Permafrostböden verändert werden.

EIS IM BRENNPUNKT 89

BRENNENDE FRAGE – WIE EWIG IST DAS EWIGE EIS?

Wer einmal vor den gigantischen Eispanzern stand, die in der Antarktis und auf Grönland in den Himmel ragen, glaubt kaum, dass diese Eismassen eines Tages verschwinden könnten. Zwar wissen Gletscherforscher noch nicht genau, wie das Eis der Antarktis und Grönlands bis zum Ende dieses Jahrhunderts auf den Klimawandel reagieren wird. Auf dem Nordpolarmeer führen die steigenden Temperaturen, die im Herbst bereits fünf Grad Celsius über dem Normalwert liegen, aber schon zu deutlich sichtbaren Konsequenzen: Zumindest in den Sommermonaten schwindet die Eisfläche zunehmend. Die Jahre 2007 und 2008 brachten historische Tiefstände des Meereises im hohen Norden. Verschwindet das strahlende Weiß unserer Erde, verlieren nicht nur Pflanzen, Tiere und Menschen ihre Lebensräume, auch der Klimawandel bekommt einen zusätzlichen Schub. Der Meeresspiegel wird dagegen nur dann schnell steigen, wenn das Inlandeis rasch schmilzt.

Weißer Riese auf Kollisionskurs: Im Januar 2005 stoppte ein 160 km langer Tafeleisberg, bekannt als B 15A, kurz vor einer Kollision mit der 100 km langen Drygalski-Eiszunge (u.) in der Antarktis. Drei Monate später kam es dennoch zur Kollision, ein Teil der Eiszunge brach ab. Durch die Klimaerwärmung könnten sich solche gewaltigen Tafeleisberge häufiger bilden.

Kippschalter für das Klima

Bisher zeigen Klimaforscher meist Kurven, nach denen sich das Klima auf der Erde in den kommenden Jahrzehnten durch den vermehrten Ausstoß von Treibhausgasen relativ regelmäßig entwickeln dürfte. In der Vergangenheit aber veränderte sich das Klima manchmal sehr abrupt, wenn bestimmte Grenzwerte überschritten und im übertragenen Sinn Schalter umgelegt wurden. Weil solche Klimasprünge aber allenfalls grob abgeschätzt werden können, werden sie in vielen Modellen kaum berücksichtigt.

Wissenschaftler des Potsdam-Instituts für Klimafolgenforschung (PIK) haben daher solche möglichen »Kippschalter« unter die Lupe genommen. Diese geografischen Gebiete haben, wenn sich ihre Charakteristiken ändern, eine globale Wirkung auf das Klima. Durch die Kenntnis solcher Einflussfaktoren lässt sich das Risiko derartiger Prozesse besser abschätzen. Hierzu floss das geballte Wissen von 88 Forschern in eine erste grobe Abschätzung dieser Kippschalter des Klimas ein. Das größte Risiko einer katastrophalen Entwicklung, die nicht mehr zu kontrollieren wäre, liegt demnach an den Polen: Sowohl das Eis auf dem Nordpolarmeer als auch der Eispanzer Grönlands könnten sich als besonders empfindliche Kippschalter erweisen.

Erst knirscht und ächzt es in der 30 oder 40 m über das Meer aufragenden Wand des Ross-Schelfeises. Wenn der fast pausenlos heulende Sturm aus dem Inneren der Antarktis für eine Weile aussetzt und die Wissenschaftler der neuseeländischen Scott Base im Freien unterwegs sind, hören sie diese unheimlichen Geräusche. Mal sind sie ganz leise, dann werden sie lauter. Plötzlich ein gewaltiges Krachen, ein Teil der Eiswand neigt sich langsam auf das Meer zu, bricht rasch ganz ab und donnert ins Meer. Meterhohe Wellen peitschen an die Küste, aus dem brodelnden Wasser taucht eine weiße Masse wieder auf. Die Forscher haben die Geburt eines Eisberges beobachtet, der mit der Strömung langsam auf das Meer hinaustreibt. Ewig ist das Eis der Antarktis also nicht.

Leben am Eisberg

Weshalb so ein Eisberg im Meer Seevögel, Fische, Wale, Robben und Pinguine wie ein Magnet anzieht, entdeckten Forscher, als sie auch das Wasser in seiner Umgebung genau analysierten. Mit verschiedenen Geräten in einem ferngesteuerten U-Boot fanden sie in unmittelbarer Nähe des Eises sehr viele Mikroorganismen. Entfernte sich das U-Boot langsam vom Eisberg, meldeten die Geräte immer weniger Plankton, bis die Konzentration rund 3700 m vom Eis entfernt auf die im Südozean üblichen sehr niedrigen Werte abgesunken war. In diesem Umkreis um den Eisberg fanden die Forscher auch überdurchschnittlich viele der Krill genannten Kleinkrebse, die sich vom Plankton ernähren. Krill wiederum ist das Grundnahrungsmittel vieler Fische, Wale, Robben und Pinguine im Südozean.

Mit einer sogenannten Isotopen-Analyse konnten die Forscher nachweisen, dass ein Eisberg anscheinend Material vom Land ins Meer schleppt. Wenn das Eis vom Land zum Meer fließt und dabei über den Fels des Untergrundes schrammt, reißt es dieses Material offensichtlich ab. Oft blasen auch kräftige Winde aus den Halbwüsten und Wüsten Patagoniens und Australiens Staub bis zum Eis der Antarktis. Bricht dann ein Eisberg ab, trägt er den über lange Zeiträume gesammelten Staub

Grönlands Eispanzer schmilzt: Zwei illustrierte Karten der »Arctic Climate Impact Association« zeigen das Ausmaß des jährlichen Abschmelzens des grönländischen Inlandeises im Jahr 1992 (links) und im Jahr 2002. Vor allem im Norden der von Dänemark verwalteten Insel hat die Abnahme des Eispanzers alarmierend zugenommen. Experten befürchten, dass diese Entwicklung nicht mehr umkehrbar sein könnte. In diesem Fall könnte der grönländische Eisschild innerhalb von 300 Jahren bereits komplett verschwunden sein.

Der Vorsitzende des Weltklimarats, der indische Wissenschaftler Rajendra Kumar Pachauri, bei einem Vortrag im Februar 2008 in Houston (Texas). Für die wissenschaftliche Aufarbeitung der Klimaerwärmung erhielt der Weltklimarat im Jahr 2007 zusammen mit dem US-Politiker Al Gore den Friedensnobelpreis.

aus der Luft und abgerissene Teilchen vom Untergrund weit auf den Südozean hinaus. Wenn das Eis langsam schmilzt, rieselt dieses Material ins Wasser und liefert den dort lebenden Organismen die lebenswichtigen Spurenelemente. Eisberge düngen also das Meer auch fernab der Polargebiete.

Sorgenkind Grönlandeis

In Zukunft könnten die Spurenelemente die Meeresgebiete in der Nähe der Pole noch viel stärker als bisher düngen, denn höhere Temperaturen könnten Eisberge an vielen Stellen der polaren Eiskappen schneller abbrechen lassen, befürchten Klimaforscher. Das aber könnte katastrophale Folgen haben, vermutet der Weltklimarat IPCC (International Panel for Climate Change). So nennen Wissenschaftler den Eispanzer über Grönland als besonders gefährlichen »Kippschalter des Weltklimas«. Wenn steigende Temperaturen den Abschmelzprozess beschleunigen, könnte die Entwicklung sich verselbstständigen und nicht mehr umkehrbar sein.

Wie funktioniert dieser Kippschalter aber? Weil die Temperaturen in hohen Breiten besonders schnell steigen, könnten vor allem die Ränder des Eispanzers über Grönland schneller als bisher abschmelzen. Dadurch aber fließt mehr Eis aus dem Innern nach und der Eispanzer wird dünner. Dort sind die Eismassen in einigen Regionen heute aber mehr als 3000 m dick. Auf dieser Höhe herrschen niedrigere Temperaturen als im Tal. Für die Zugspitze nennt der Deutsche Wetterdienst zum Beispiel eine knapp 15 °C niedrigere Jahresdurchschnittstemperatur als im fast 2900 m tiefer gelegenen Frankfurt am Main. Würde das Eis Grönlands also komplett wegschmelzen, würde nicht nur der Meeresspiegel um sieben Meter steigen; die Oberfläche Grönlands läge auch bis zu 3000 m unter dem heutigen Niveau und die Temperaturen wären etwa 15 °C höher als heute.

Das Eis kehrt nicht zurück

Ist das Eis Grönlands erst einmal geschmolzen, kommt es also auch dann nicht so schnell zurück, wenn das Weltklima wieder fallende Temperaturen aufweist. Damit hätte der Klimawandel aber einen Prozess ausgelöst, der nicht mehr rückgängig gemacht werden kann. Einige Modellrechnungen der Klimaforscher lassen obendrein vermuten, dass im schlimmsten Fall ein großer Teil des Grönlandeises in nur 300 Jahren schmelzen könnte. Dadurch würde so viel zusätzliches Wasser in die Ozeane strömen, dass der Meeresspiegel – je nach Stärke des Abschmelzens – um bis zu sieben Meter steigen könnte. Schon bei einer Erwärmung um ein bis zwei Grad Celsius im Weltdurchschnitt könnte es so weit sein, vermuten die Forscher. Da niemand weiß, ob und wie ein einmal angestoßenes Abschmelzen des Grönlandeises wieder gestoppt werden könnte, scheint das Weltklima in diesem Bereich einer kritischen Grenze gefährlich nahe zu sein. Der Weltklimarat ist sich jedenfalls sicher, dass der Klimawandel nur dann auf ein oder zwei zusätzliche Celsius-Grade eingedämmt werden kann, wenn sofort sehr entschiedene Gegenmaßnahmen ergriffen werden.

Die Situation auf Grönland scheint sich jedenfalls bereits zu ändern. So messen Wissenschaftler mit sogenannten passiven Mikrowellen-Sensoren von Satelliten aus, in welchen Gegenden Grönlands das Eis im Sommer schmilzt, erklärt Wolfgang Dierking vom Alfred-Wegener-Institut (AWI) in Bremerhaven. Der Trend ist eindeutig: Der Ring schmelzenden Eises auf Grönland wird seit 1978 breiter. Ein Scatterometer genanntes Satelliteninstrument wiederum beobachtet die Länge der Schmelzsaison. Selbst im Norden Grönlands haben die Schmelztage seit dem Jahr 2000 zugenommen.

Sorgenkind Westantarktis

Mit Sorge schauen Klimaforscher auch auf den Eispanzer der Westantarktis. Dort münden die Gletscher direkt ins Meer und stützen sich sozusagen am Meeresgrund ab. Der steigende Meeresspiegel aber hebt dieses Eis langsam an. Irgendwann könnte daher der Widerstand wegfallen, so dass die Gletscher schneller fließen. Zwar dürfte es eher Jahrtausende als Jahrhunderte dauern, bis die Westantarktis eisfrei wäre. Da dort aber genug Eis für einen Anstieg des Meeresspiegels um bis zu sieben

> **Grönland war Grünland**
>
> Vor rund 130 000 Jahren bis vor etwa 127 000 Jahren lagen die Temperaturen höher als heute und pendelten um ein Niveau, wie es die IPCC-Forscher für das Jahr 2100 vorhersagen, sollte die Welt rasch und kräftig gegen den Klimawandel kämpfen. Nördlich des 60. Breitengrades, auf dem zum Beispiel Norwegens Hauptstadt Oslo liegt, war es damals im Sommer durchschnittlich 2,4 °C wärmer als heute. Über Grönland lagen die Temperaturen sogar rund drei Grad Celsius höher als heute. Um das Jahr 2100 könnte das Eis Grönlands also ähnlich wie vor 130 000 Jahren reagieren. In Grönland zogen sich damals nach Berechnungen von Forschern des Alfred-Wegener-Instituts (AWI) in Bremerhaven die Eismassen viel weiter zurück, als sie es bis heute getan haben. Übrig blieben demnach zwei mächtige Eispanzer: ein kleinerer im Süden und ein erheblich größerer Eisschild weit im Norden. Beinahe die Hälfte des heute auf Grönland vorhandenen Eises könnte damals gefehlt haben. Insgesamt habe Grönland damals genug Eis verloren, um den Meeresspiegel zwischen 220 und 340 cm höher als heute steigen zu lassen. Grönland wäre also in Teilen »Grünland« gewesen, so wie vor gut 1000 Jahren, als Erik der Rote der Insel aufgrund ihres Aussehens ihren bis heute gültigen Namen gab.

Die größte Langzeit-Bedrohung der globalen Erwärmung geht von den schmelzenden Eismassen aus. Aufgrund des fehlenden Eises wird mehr Sonnenenergie auf der Erde gespeichert, was den Klimawandel verstärkt.

Meter liegt, könnten in ferner Zukunft viele Küstenstädte wie Hamburg, Amsterdam, London, Venedig, New York oder Schanghai erhebliche Probleme bekommen. Flache Inseln wie die Malediven würden bereits frühzeitig völlig von der Landkarte verschwinden. Wann das Schmelzen der Westantarktis aber beginnen könnte, weiß derzeit niemand.

Obendrein ähnelt die Antarktis einer von einigen Tausend Meter Eis bedeckten Gruppe größerer Inseln und Festlandes mit einem flachen Meer dazwischen. So ähnlich sah auch der Eispanzer aus, der auf dem Höhepunkt der letzten Eiszeit vor rund 20 000 Jahren Nordeuropa bis in die Gegend der heutigen Städte Berlin und Hamburg bedeckte. Als es vor 14 000 Jahren deutlich wärmer wurde, dauerte es keine 2000 Jahre, bis die riesige Eisdecke in einzelne Stücke zerfallen war, die nur noch Skandinavien, Spitzbergen und die Insel Nowaja Semlja bedeckten.

Uneinheitliche Verhältnisse – Stabilität und Zerfall

Für stabiler als die Westantarktis halten die Forscher zurzeit die Ostantarktis, die mit Abstand die größten Eismassen auf der Erde enthält. Dort liegen die Temperaturen so niedrig, dass auch der Klimawandel die Schneefälle kaum in Regen verwandeln dürfte. Im Gegenteil verdunstet bei steigenden Temperaturen aus den Ozeanen mehr Wasser. Dadurch kommt mehr Feuchtigkeit in die Atmosphäre und die Schneefälle in der Antarktis scheinen sich sogar zu verstärken.

Ganz anders aber stellt sich die Situation vor der Antarktischen Halbinsel dar. Dort sind die Temperaturen in den letzten 30 Jahren des 20. Jahrhunderts um mehr als zwei Grad Celsius gestiegen. Im Sommer schmilzt daher der Schnee auf dem Schelfeis vor den Küsten. Das Wasser dringt in Risse im Eis ein, gefriert dort und dehnt sich dabei aus. So werden die Risse mit der Zeit immer größer und die kräftigen Westwinde der Gegend können Eisberge entlang solcher Risse leichter abbrechen. Insgesamt ist durch diesen Mechanismus das Larsen-Schelfeis vor der Antarktischen Halbinsel seit 1986 von 15 500 km^2 auf 4500 km^2 geschrumpft.

Da nur Schelfeis abbricht, das ohnehin bereits auf dem Meer schwimmt, steigt der Meeresspiegel durch das Abschmelzen dieser Eisberge nicht. Allerdings bremst das Schelfeis offensichtlich die dahinter liegenden Gletscher. Fehlt dieses eisige Gegengewicht, beschleunigen die Gletscher ihren Abfluss und es gelangt mehr Inlandeis ins Meer. Diese Massen erhöhen den Meeresspiegel durchaus. In den 1950er-Jahren nahmen dann auch die meisten Gletscher auf der Antarktischen Halbinsel noch leicht an Größe zu. Seit Mitte der 1960er-Jahre dagegen schrumpfen sie. In den ersten fünf Jahren des 21. Jahrhunderts wurden die Gletscher dort im Durchschnitt jeweils mehr als 250 m kürzer.

Rückkopplungseffekt zum eisfreien Nordpol

Das größte Sorgenkind der Klimaforscher aber ist die Packeisschicht auf dem Eismeer im hohen Norden. Bei steigenden Temperaturen schwindet sie vor allem im Sommer, in einigen Jahren könnte das Nordpolarmeer im August und September daher im Sommer eisfrei sein. Das aber könnte fatale Konsequenzen für das Weltklima haben. Zwar steigt der Meeresspiegel nicht, wenn das auf dem Wasser schwimmende Eis schmilzt, allerdings strahlt das Eis den größten Teil der Sonnenstrahlung recht direkt in Richtung Weltraum zurück. Schmilzt das Eis, verschwindet nicht nur der Lebensraum des Eisbären, der nur von den weißen Schollen aus gut jagen kann. Gleichzeitig nimmt die dunkle Wasseroberfläche viel mehr Sonnenlicht auf und speichert dessen Energie als Wärme im Wasser. Ohne Eis bliebe viel mehr Wärme auf der Erde als vorher und der Klimawandel könnte sich weiter beschleunigen.

Alles deutet aber darauf hin, dass dieser Prozess bereits begonnen und sich der ewige Zyklus des Eises bereits verändert hat: In der Polarnacht friert im Winter das Wasser im Nordpolarmeer rasch zu einer mehrere Meter dicken Eisdecke. Im März schwimmt dann auf rund 15 Millionen km^2 eine fast geschlossene Eisschicht. Im Frühjahr und Sommer knabbern Sonne und warme Winde am Eis, bis es im September auf gut die Hälfte der maximalen Ausdehnung im März schmilzt.

Seit den 1970er-Jahren beobachten Satelliten die Eisdecke der Arktis und messen in jedem Jahrzehnt weniger Eis. Obendrein scheint der Klimawandel das große Schmelzen seit der Mitte der 1990er-Jahre noch zu beschleunigen. Im Vierteljahrhundert zwischen 1979 und 2004 schrumpfte das Sommereis über dem Nordpolarmeer in jedem Jahrzehnt um 7,7 %. In den Jahren 2007 und 2008 erreichte das große Schmelzen dann seinen vermutlich nur vorläufigen Höhepunkt, als die Eisdecke jeweils im September auf 4,1 bzw. 4,5 Millionen km^2 zurückgegangen war. Damit hatte sich die übliche Eisfläche am Ende des Sommers nahezu halbiert.

Süd-Nord-Gefälle beim Eis

Computermodellen zufolge könnte das Nordpolarmeer bereits in wenigen Jahrzehnten in den Sommermonaten eisfrei sein. Die Abschmelzrate des grönländischen Eisschildes hat sich zudem nach Auskunft des Leiters des Potsdam-Instituts für Klimafolgenforschung, Joachim Schellnhuber, in den vergangenen Jahren verdoppelt bis verdreifacht. Für die Antarktis sind widersprüchliche Trends belegt: Während die meisten Gletscher schneller schmelzen, hat die Stärke des kontinentalen Eisschildes zuletzt zum Teil sogar zugenommen. Eine Erde mit warmem Kopf und kalten Füßen ist keine Utopie mehr, sie könnte Wirklichkeit werden.

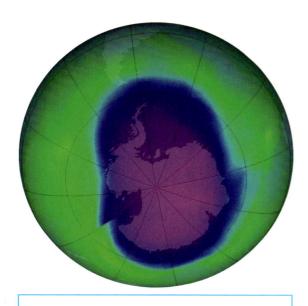

Ozonloch am Südpol

Die in den 1970er- und 1980er-Jahren als Kältemittel eingesetzten Fluorchlorkohlenwasserstoffe (FCKW) sammeln sich seither in der Erdatmosphäre. Das bereitet Probleme, wenn die Lufttemperaturen in 15 oder 20 km Höhe unter −78 °C sinken. Dann bilden sich Eiswolken, an denen sich riesige Mengen sogenannter Chlor-Radikale sammeln, die aus FCKW entstanden sind. Die Strahlen der Frühlingssonne zerstören zusammen mit diesen Chlor-Radikalen die Ozonschicht, die dort oben die für das Leben gefährliche harte ultraviolette Strahlung abfängt. Da solche Kälte über der Antarktis bisher häufig, über dem Nordpolarmeer dagegen eher selten vorkommt, reißt seither über dem Südpol häufig ein Ozonloch auf (**Bild oben:** Größe des Ozonlochs im September 2006). Nach dem Verbot der FCKW seit 1990 dürfte es noch bis 2050 dauern, bis dieses Ozonloch nicht mehr entstehen kann.

EIS IM BRENNPUNKT 93

ÜBERLEBENSKÜNSTLER IM EIS: DIE TIER- UND PFLANZENWELT

96   Die Kälteprofis I – Tiere in der Arktis

104   Spezialisten an den Polen – Die faszinierende Tierwelt der Polargebiete

110   Die Kälteprofis II – Tiere in der Antarktis

118   Von der Kieselalge zum Blauwal – Die Nahrungsketten der Eisregionen

122   Polare Pflanzenwelten – Wachstum der Kälte abgetrotzt

DIE KÄLTEPROFIS I – TIERE IN DER ARKTIS

Nahe der kanadischen Stadt Churchill an der Hudson Bay inspiziert ein Eisbär die Insassen eines »Tundra Buggys«. Um den imposanten Tieren ungefährdet auf den Leib rücken zu können, nutzen Forscher, Naturfotografen und Abenteuertouristen diese eigens für die Bärenbeobachtung konstruierten Geländebusse. In freier Wildbahn könnte eine solche Begegnung tödlich enden. Der Polarbär ist nicht nur das größte lebende Landraubtier der Erde, er ist auch einer der wenigen großen Beutegreifer, die den Homo sapiens nicht nur unter Stress attackieren, sondern ihn auch gezielt jagen, um sich Nahrung zu verschaffen.

Die Zivilisation hat es den pelzigen »Menschenfressern« auf ihre Weise heimgezahlt: Ursus maritimus, so der zoologische Name des Eisbären, wurde zu einer bevorzugten Trophäe der Großwildjäger. Unerbittlich wurden die weißen Riesen über Jahrzehnte von Flugzeugen und Schiffen aus erlegt. Allenfalls ein paar Tausend Exemplare waren noch übrig, als Vertreter der arktischen Anrainerstaaten 1973 ein Schutzabkommen unterzeichneten, das diese Form der Trophäenjagd untersagte. Langsam erholen sich die Bestände seitdem wieder.

Doch dann tauchte mit dem Klimawandel eine neue Bedrohung auf, die nicht nur die Eisbären, sondern auch ihren gesamten Lebensraum gefährdet. Das arktische Ökosystem hat sich den speziellen Lebensbedingungen optimal angepasst. Es ist aber gerade deshalb auch äußerst fragil. Wenn die Nahrungskette durch die Anreicherung von Umweltgiften und das Abschmelzen des Eises an einem ihrer Glieder brüchig wird, steht die Zukunft vieler arktischer Tiere in den Sternen.

Arktische Überlebenskünstler

In den arktischen und subarktischen Breiten können Tiere nur überleben, wenn sie sich in Körperbau und Verhalten optimal an die extremen Bedingungen anpassen. Eine häufige verhaltensbiologische Adaption ist die Wanderung. So unternehmen die nordamerikanischen Karibus **(großes Bild)** zwischen der nördlichen Tundra und den subarktischen Wäldern ausgedehnte Massenwanderungen von bis zu 5000 km Länge – ein Rekord unter den landlebenden Säugern.

Rund zehnmal so weit ist der Zugweg der Küstenseeschwalben **(Bild oben)**. Im Laufe eines Jahres reisen diese Langstreckenflieger von Grönland bis an den Südpol, um am Ende des antarktischen Sommers wieder in die Arktis zurückzukehren. Zu den Zugvögeln zählen auch die Papageientaucher **(Bild unten)**, die die größte Zeit des Jahres weit entfernt von ihren Brutrevieren auf dem offenen Meer verbringen.

Den Polar- oder Eisfuchs **(zweites Bild von oben)** schützt seine extrem dichte Unterwolle vor der eisigen Kälte. Überdies ist er ein ausgesprochener Nahrungsopportunist, der in seiner kargen Umwelt auch Aas und pflanzliche Kost nicht verschmäht. Ein Überlebenskünstler ganz eigener Art ist das Arktische Ziesel **(drittes Bild von oben)**. Dieses Erdhörnchen verbringt fast zwei Drittel des Jahres im Winterschlaf. Warum seine Körpertemperatur dabei unter den Gefrierpunkt sinken kann, ohne dass sein Blut gefriert, ist den Forschern noch immer ein Rätsel.

Oben: In den arktischen Gewässern sind zahlreiche Arten von Barten- und Zahnwalen zu finden. Dazu zählt der oft in Küstennähe vorkommende Buckelwal. Dieser Bartenwal hat eine Körpergröße von 12 bis 19 m und ist für seinen auffälligen Gesang bekannt.

Rechts: Trotz internationaler Proteste von Tierschützern werden Zwerg-, Finn- und Buckelwale auch heute noch von einigen Nationen »zu wissenschaftlichen Zwecken« erlegt, so wie dieser Wal vor der Küste Islands.

Oben: Der weiße Wollpelz junger Sattelrobben ist keine putzige Laune der Natur, sondern eminent wichtig für das Überleben: Zum einen bietet er eine perfekte Tarnung auf dem Eis, zum anderen leiten seine Härchen die wärmenden Sonnenstrahlen optimal an die schwarze Haut.

Links: Nachdem der Bestand der Sattelrobben durch exzessive Bejagung bereits akut gefährdet war, werden heute von Kanada, Norwegen und Russland staatliche Fangquoten festgelegt.

ÜBERLEBENSKÜNSTLER IM EIS: DIE TIER- UND PFLANZENWELT 101

Spezialisten auf großer Wanderung

Polarbären sind nicht standorttreu. Sie unternehmen weite Wanderungen in der Treibeiszone, in deren Verlauf sie mitunter den ganzen Nordpol umkreisen **(Bild unten)**. Dabei sind sie immer auf der Suche nach Beute, die bevorzugt aus Robben besteht. Diese erbeuten sie, indem sie sich an die auf dem Eis liegenden Tiere anschleichen oder ihnen mit unendlich scheinender Geduld an ihren Atemlöchern auflauern **(Bild rechts)**.

Würde man einen Biologen bitten, eine »typische« bedrohte Tierart zu charakterisieren, würde er wahrscheinlich folgende Punkte nennen: ein großer Beutegreifer mit starker Bindung an seinen Lebensraum, der ein beschränktes Areal bewohnt, sich aber über Staatsgrenzen bewegt, der keine Menschen toleriert und dessen Weibchen lange trächtig sind und wenige Nachkommen gebären – ein Steckbrief des Eisbären.

Seine dichte Unterwolle, eine dicke Fettschicht und spezielle Fettpolster um die inneren Organe schützen den Polarbär vor der eisigen Kälte. Der relativ kleine Kopf und seine keilförmige Statur bietet den arktischen Winden eine minimale Angriffsfläche. Dadurch können die Tiere selbst noch bei −50 °C ihre Körpertemperatur aufrechterhalten. Kälte kann Ursus maritimus wenig anhaben, der Klimawandel und die globale Erwärmung könnten für ihn dagegen schicksalhaft sein, weil seine eisigen Jagdgründe ihm unter den Pfoten wegschmelzen.

SPEZIALISTEN AN DEN POLEN – DIE FASZINIERENDE TIERWELT DER POLARGEBIETE

Ständige Dunkelheit, Temperaturen unter −40 °C und peitschende Stürme, die der klirrenden Kälte noch eine neue Dimension verleihen: Der Winter in der Antarktis bietet die wohl lebensfeindlichsten Bedingungen, die es auf unserem Planeten überhaupt gibt. Ähnlich unfreundlich präsentiert sich die kalte Jahreszeit auch in den Polargebieten der Nordhalbkugel. Für Tiere scheint es da auf den ersten Blick wenig Überlebenschancen zu geben. Und doch sind die Eiswelten an den Polen bewohnt. Mit raffinierten Tricks und evolutionären Anpassungen haben sich erstaunlich viele Arten diesen harschen Lebensraum erschlossen.

Das »älteste Gewerbe« der Antarktis

Auf der Ross-Insel vor der Küste von Victoria-Land sind Wissenschaftler einem Fall von »Pinguin-Prostitution« auf die Spur gekommen. Dicht an dicht liegen dort die Nester der Adélie-Pinguine; geschäftig watscheln die Vögel durch ihre Kolonie. Da sie in ihrem kargen Lebensraum keine Pflanzen für den Nestbau finden, verwenden sie stattdessen kleine Steine. Die aber sind Mangelware, so dass die Tiere einen großen Teil ihrer Zeit damit verbringen, sich das kostbare Baumaterial gegenseitig zu stehlen. Dabei riskieren sie allerdings, dass der Steinbesitzer sein Eigentum mit schmerzhaften Schnabel- und Flügelhieben verteidigt. Diese Gefahr umgehen die Weibchen auf der Ross-Insel mit Raffinesse: Sie bieten alleinstehenden Nestbesitzern Sex an und lassen sich dafür mit Steinchen belohnen, die sie anschließend zu ihrem eigenen Nistplatz schleppen.

Körper mit vereisten Federn drängen sich wärmesuchend zusammen und stemmen sich mit gebeugten Köpfen gegen den Wind. Kaiserpinguine gelten als die Überlebenskünstler schlechthin. Selbst innerhalb der Pinguin-Familie, die viele kälteresistente Polarbewohner hervorgebracht hat, sind diese Vögel etwas Besonderes. Keiner ihrer Verwandten wagt sich so weit in den eisigen Süden der Erde vor, kein anderes Wirbeltier hält es so lange auf dem antarktischen Inlandeis aus. Und zu allem Überfluss haben die bis zu 1,30 m großen und 50 kg schweren Vögel jedes Jahr aufs Neue eine gefährliche Reise zu überstehen.

Der Marsch der Kaiserpinguine

Das Abenteuer beginnt im März, wenn der kurze antarktische Sommer zu Ende geht. Dann verlassen die Kaiserpinguine das Meer und wandern zu ihrer Brutkolonie,

die Dutzende Kilometer vom Wasser entfernt liegt. Für einen Pinguin ist das ein mühsames Unterfangen: Mit ihrem stromlinienförmigen Körper sind die Tiere zwar sehr elegante Schwimmer und Taucher, an Land aber watscheln sie auf ihren kurzen Beinen eher tollpatschig herum. Doch die Vögel haben einen guten Grund, den beschwerlichen Fußmarsch auf sich zu nehmen: Es geht um die Sicherheit ihres Nachwuchses. Da die Brutzeit und Aufzucht der Jungen mit insgesamt etwa 200 Tagen ungewöhnlich lange dauert, müssen die Kaiserpinguine schon im Winter mit dem Brüten beginnen. Dazu aber brauchen sie einen Platz, der im Frühjahr und Sommer garantiert gefroren bleibt. Schließlich soll dem Nachwuchs nicht das Eis unter den Füßen wegtauen, solange er noch nicht schwimmen kann. Ein sicherer Untergrund findet sich jedoch nur in einiger Entfernung vom offenen Meer.

Wenn die Vögel schwankend durch die Landschaft watscheln, sieht es aus, als würden sie ihr Ziel scheinbar nie erreichen. Gerade dieses auf den ersten Blick so ineffektive Schwanken aber scheint eine Anpassung zu sein, die den Vögeln das Vorankommen erleichtert. Die Tiere nutzen nämlich die Energie dieser Pendelbewegungen, um beim Laufen ihren Schwerpunkt anzuheben – eine Aufgabe, die sie sonst mit Muskelkraft bewältigen müssten. Trotz dieses Energiespar-Tricks bringen sie es wegen ihrer kurzen Beine allerdings nur auf Geschwindigkeiten zwischen durchschnittlich einem halben und zwei Kilometern in der Stunde. Somit dauert es Tage oder Wochen, bis sie schließlich ihren Brutplatz erreichen.

Die »Scheidungsrate« sinkt mit den Temperaturen

Dort sehen sie sich erst einmal nach ihrem Partner vom letzten Jahr um, denn Pinguine haben einen Hang zur Treue. Dadurch sparen sie sich die Mühe, jedes Jahr einen neuen Gefährten suchen und für sich gewinnen zu müssen. Zudem bringen aufeinander eingespielte Paare ihre Eier und Küken leichter durch. Fehler beim Brutgeschäft verzeiht ein unwirtlicher Lebensraum wie die Antarktis nicht. Wenn einer der Partner zur Nahrungssuche im Meer verschwindet, muss er sich darauf verlassen können, dass der andere in dieser Zeit den Nachwuchs betreut.

Allerdings können die Pinguine es sich auch nicht leisten, zu lange auf ihren Gefährten zu warten, denn wer weiß, ob er je zurückkommt. Die Brutsaison im tiefen Süden ist kurz, die Vögel haben daher keine Zeit zu verlieren. Wenn der gewohnte Partner nicht auftaucht, muss eben ein anderer her. Dieses pragmatische Vorgehen führt dazu, dass die zahlreichen Pinguin-Arten unterschiedlich viel Wert auf eine langfristige Bindung legen. Je schwerer der Partner wiederzufinden ist, desto eher stürzen sich die Vögel immer wieder in neue Beziehungen.

Adélie-Pinguine zum Beispiel treffen sich jedes Jahr zur gleichen Zeit am gleichen Nest und haben daher eine geringe »Scheidungsrate«. Dagegen wählen 80 % der Kaiserpinguine und der eng verwandten Königspinguine jedes Jahr einen neuen Partner, denn sie bauen kein Nest, so dass den Paaren ein fester Treffpunkt fehlt. Da ist es sehr schwierig, am Anfang der Saison zwischen den Tausenden von Vögeln einer Kolonie den gewohnten Partner zu entdecken.

Wenn sich die Kaiserpinguin-Paare unter großem Geschrei wiedergefunden haben, beginnen sie ihren aus Verbeugungen, Rufen und Schrittkombinationen bestehenden Balztanz. Kurz darauf werden die ersten Eier gelegt und von den Pinguin-Müttern sofort an ihre Partner weitergegeben. Oft führen die Tiere dazu geradezu artistische Kunststücke auf, damit der empfindliche Nachwuchs sicher von den Füßen der Mutter auf die des Vaters gelangt und nicht etwa auf das kalte Eis rollt. Sobald die Übergabe erledigt ist, kehren die Weibchen zurück zum Meer zur Nahrungsaufnahme. Den Männchen aber steht ihre härteste Bewährungsprobe noch bevor. Die nächsten 60 Tage werden sie mit den Eiern auf den Füßen dem antarktischen Winter trotzen und den Nachwuchs ausbrüten.

Kälteschutz im Pulk

Um dabei nicht zu erfrieren, drängen sich die Pinguinväter eng aneinander, manchmal stehen bis zu zehn Tiere auf einem Quadratmeter. Nach Messungen französischer Forscher steigt die Temperatur an der Körperoberfläche allein durch dieses Kuscheln um 0,6 °C an. Damit auch alle Pinguine in den Genuss der zusätzlichen Wärme kommen, steht jeder mal außen und mal im warmen Innern des Pinguin-Knäuels.

Trotzdem wird den Tieren die Zeit sehr lang. Sie müssen mindestens 120 Tage ohne Nahrung auskommen, in denen sie zwölf bis 15 kg Körpergewicht verlieren. Eine letzte Reserve können sie noch mobilisieren, wenn die Küken schließlich Anfang August schlüpfen: Die Väter würgen ein nährstoffreiches Sekret aus, das den ersten Hunger der Kleinen stillt. Das aber muss reichen, bis die Weibchen nach zwei Monaten Abwesenheit endlich zurückkommen. Erst dann können sich die ausgezehrten Männchen auf den Weg zum Meer machen. Französische Ökologen haben einige Pinguinväter mit einem Satellitensender ausgerüstet und so ihre Wege verfolgt. Mehr als 100 km waren die geschwächten Vögel unterwegs, bis sie schließlich auf offenes Wasser stießen.

Um diese Lücken im Eis zu finden, orientieren sich die Pinguine vermutlich an der Lage von Eisbergen und anderen Landmarken. Zudem besitzen sie eine innere Uhr, mit deren Hilfe sie Sonne und Sterne als Kompass nutzen können. Auch der Geruch des Meeres weist ihnen wohl den Weg. Und wenn alles andere versagt, können sie sich immer noch auf einen Spezialsinn verlassen, mit dem sie das Magnetfeld der Erde wahrnehmen.

Das körpereigene Navigationssystem führt die Tiere aber nicht nur zuverlässig zum offenen Wasser, sondern auch wieder zurück in ihre Kolonie in der eisigen Weite der Antarktis. Dort müssen sie dann inmitten Tausender gleich aussehender Pinguinküken den eigenen Nachwuchs finden. Dieses Kunststück gelingt den

Vögeln mit Hilfe eines ausgeprägten Talents für das Unterscheiden von Stimmen. Die Küken müssen die Rufe ihrer Eltern nur zwei Zehntelsekunden lang hören, um sie sich dauerhaft einzuprägen. In Experimenten hörten sie die verwandte Stimme sogar dann heraus, wenn sechs andere Pinguine viel lauter schrieen.

Sobald der Vater wieder bei der Pinguin-Familie auftaucht, macht sich die Mutter erneut auf den Weg zum Meer. In den nächsten Wochen wechseln sich die Elternteile ab: Der eine bleibt beim Nachwuchs, der andere füllt sich in den Fluten des Südozeans den Magen. Dabei werden die Strapazen nach und nach erträglicher. Je stärker das Packeis taut, desto kürzer wird die Strecke zwischen der Kolonie und den Jagdgründen im offenen

Rückzugsräume der Eisbären: Da die Packeisgrenze in der Arktis immer mehr zurückweicht, finden Eisbärmütter und ihre Jungen kaum ausreichend Nahrung. Wichtige Rückzugsgebiete für Eisbärweibchen und ihren Nachwuchs sind Spitzbergen (Norwegen), Franz-Joseph-Land und die Wrangelinsel (Russland), die Küsten an Tschuktschen- und Beaufortsee (USA) sowie das Mackenzie-Delta und die Banks-Insel (Kanada). Doch gerade diese Gebiete gelten als reich an Rohstoffen und bieten kaum längerfristig Schutz.

Rückzugsgebiete für Eisbären

106 ÜBERLEBENSKÜNSTLER IM EIS: DIE TIER- UND PFLANZENWELT

Meer. Und eines Tages ist die Eiskante in die Nähe der Kolonie gerückt und die flügge gewordenen Jungtiere verschwinden selbst im Ozean. Einige Jahre später werden sie wieder in der Kolonie auftauchen und eine eigene Familie gründen.

Luft hält Kälte ab – Raffinierte Wärmedämmung

Pinguine haben sich im Laufe der Evolution zu echten Energiespar-Wundern entwickelt. Neben einer Fettschicht sorgt ein extrem dichtes Gefieder für eine exzellente Wärmedämmung. Jeden Quadratzentimeter der Körperoberfläche bedecken bis zu zwölf Federn, deren Spitzen wie Dachziegel übereinanderliegen. Selbst auf ausgedehnten Tauchgängen dringt in diese Schutzhülle kein Wasser ein, da sich die Vögel sorgfältig mit in speziellen Drüsen produziertem Öl einreiben. Unter den äußeren Federn halten feine Daunen zudem eine Luftschicht fest, die den Körper zusätzlich isoliert.

Durch ihre natürliche Dämmung verlieren Pinguine so wenig Wärme, dass manchmal sogar Schnee auf ihrem Rücken liegen bleibt. Die Temperatur in ihrem Innern aber halten sie dank ihres effizienten Energiesparkonzeptes auf durchschnittlich 39 °C; das sind immerhin über zwei Grad Celsius mehr als die menschliche Körpertemperatur. Ein raffiniertes Wärmetauschverfahren zwischen Arterien und Venen schickt zudem kühleres Blut in die Füße und Flügel und wärmeres ins Körperinnere. So lässt sich der Wärmeverlust an den Gliedern minimieren.

Eisbären – Die weißen Jäger der Arktis

Mit ähnlichen Schwierigkeiten wie die Pinguine am Südpol kämpft auch das Symboltier der nördlichen Polargebiete. Auch Eisbären müssen aufpassen, dass ihr Körper nicht auskühlt. In ihrer Heimat zwischen dem 82. Breitengrad Nord und der Südgrenze des Packeises herrschen schließlich ähnlich frostige Bedingungen wie im tiefen Süden des Planeten. Es ist deshalb kein Zufall, dass sich die zottigen Arktisbewohner mit bis zu 3,4 m Länge und bis 800 kg Gewicht zu den größten Landraubtieren der Erde entwickelt haben, denn ein großer Körper hilft beim Energiesparen. Die Riesen der Tierwelt haben im Verhältnis zu ihrem Volumen eine relativ kleine Oberfläche und verlieren daher nicht so viel Wärme. Aus diesem Grund sind Eisbären auch noch deutlich stämmiger als Braunbären.

Das Thermogramm eines Eisbären verdeutlicht die Temperaturunterschiede an der Oberfläche des Tieres. Die Temperaturskala reicht von 5,8 °C (weiß) bis 34,4 °C (blauschwarz). Nur ein Bruchteil der Körperwärme geht über Augen und Nase verloren.

Pinguine nutzen ein ausgeklügeltes Wärmetauschverfahren, um ihre Körpertemperatur zu halten.

Bis auf die Nasenspitze und die Fußsohlen ist ihr Körper komplett von einem dichten, gelblichweißen Fell bedeckt. Dessen äußere Haare sind hohl und bilden daher ein zusätzlich isolierendes Luftpolster. Unter dem Pelz liegt eine schwarze Haut, die einfallendes Sonnenlicht optimal aufnimmt und in Wärme verwandelt. Darunter folgt dann noch eine fünf bis zehn Zentimeter dicke Fettschicht. Insgesamt funktioniert diese Wärmedämmung so gut, dass Eisbären im Gegensatz zu fast allen anderen Säugetieren mit einer Infrarotkamera äußerst schwer zu entdecken sind.

Speck und hohle Haare sind aber nicht nur als Kälteschutz praktisch, sondern geben im Wasser so viel Auftrieb, dass Eisbären hervorragende Schwimmer sind. Wenn es sein muss, bringen sie es auf Geschwindigkeiten bis zu zehn Kilometern in der Stunde. Damit hängen sie den menschlichen Weltrekordhalter im Freistilschwimmen locker ab, der auf der 50-m-Bahn nicht einmal acht Stundenkilometer erreicht.

Bären schmilzt Jagdrevier unter den Tatzen weg

Trotzdem ist es für die Raubtiere keineswegs einfach, ihre Beute zu erlegen. In den Magen eines erwachsenen Männchens passen knapp 70 kg Futter und diese Menge will erst einmal beschafft sein. Ab und zu stellen die Polarjäger schon einmal einem Belugawal oder einem Walross nach. Vor allem aber stehen verschiedene kleinere Robben auf ihrem Speiseplan. Stundenlang lauern sie geduldig auf dem Packeis, bis ein solcher Meeressäuger in seinem Luftloch auftaucht. Dann schlagen sie blitzschnell zu. In neun von zehn Fällen scheitert die Attacke allerdings. Bis ein junger Bär die schwierige Robbenjagd halbwegs beherrscht, muss er zweieinhalb Jahre lang die richtige Technik erlernen.

Die nützt ihm allerdings nichts, wenn ihm sein Jagdrevier unter den Tatzen wegschmilzt – und diese Gefahr besteht durchaus. Da die Arktis zu den Lebensräumen gehört, die sich im Zuge des Klimawandels am schnellsten und stärksten verändern werden, gehört zwangsläufig auch der Eisbär zu den Betroffenen. In den letzten 100 Jahren ist die durchschnittliche Lufttemperatur der Arktis um etwa fünf Grad Celsius angestiegen, die Ausdehnung des Packeises hat sich in den letzten 20 Jahren um etwa sechs Prozent verringert. Und so gut wie alle Klimamodelle prognostizieren, dass die Arktis weiter auftauen wird.

Schon heute aber sind vor allem die relativ weit im Süden lebenden Eisbären im Sommer unfreiwillig auf Diät. Der Eisrand zieht sich dann so weit nach Norden zurück, dass die Tiere ihm nicht folgen können. Bis das Eis zurückkommt, müssen sie sich etwa vier Monate lang mit kleinen Säugetieren und Vögeln, mit Gras, Beeren und sogar Müll aus Siedlungen begnügen.

Die Zeit der knurrenden Mägen aber wird immer länger, zeigen Untersuchungen der Weltnaturschutzunion IUCN. An der Südwestküste der kanadischen Hudson Bay zum Beispiel bricht das Eis im Frühling heutzutage drei Wochen früher auf als noch vor 30 Jahren. Die Tiere haben also deutlich weniger Zeit, um sich für die sommerliche Fastenzeit ausreichend Fettvorräte anzufressen. Vor allem Eisbärenmütter und Jungtiere haben dadurch immer schlechtere Überlebenschancen. Die Population in der westlichen Hudson Bay ist in den letzten 20 Jahren schon um fast ein Viertel geschrumpft und auch für etliche weitere Bestände sieht es nicht gut aus. Deshalb hat die IUCN den Eisbären auf die Rote Liste der bedrohten Arten gesetzt. Ihrer Einschätzung nach könnten von den derzeit noch 20 000 bis 25 000 Tieren in den nächsten Jahrzehnten 30 % verschwinden.

Kleine Kniffe der Evolution

Noch aber gibt es die faszinierende Tierwelt des hohen Nordens, an dessen harsche Bedingungen sich erstaunlich viele Arten angepasst haben. Unter den Wiederkäuern ist das den Moschusochsen am besten gelungen. Immerhin waren sie ja auch schon Weggefährten längst ausgestorbener Eiszeittiere wie Mammut und Wollnashorn. Mit ihren über einen halben Meter langen Deckhaaren und der weichen Unterwolle brauchen sie die Kälte nicht zu fürchten und ihre Verdauung arbeitet so effektiv, dass ihre Mägen sogar trockene, harte Äste vertragen.

Selbst die Hufe der Tiere haben ein ganz besonderes Design. Wenn sie im Sommer über Geröll und Wiesen trotten, raspelt der harte Untergrund das nachwachsende Klauenhorn immer wieder ab. Daher ist ein Moschusochse in der warmen Jahreszeit auf ebenen Sohlen unterwegs.

Ein Moschusochse auf der kanadischen Ellesmereinsel. Dank erfolgreicher Wiedereinbürgerungsmaßnahmen sind die urzeitlich anmutenden Paarhufer heute praktisch wieder rund um den Nordpol in arktischen Tundren zu finden.

Im Winter aber verschwinden die Steine unter einer dicken Schneedecke, die Fußpflege fällt also aus. Dann wachsen die Hufe am Rand ein Stück vor, so dass die Tiere damit wie auf rutschfesten Schneeketten laufen.

Den Tieren stellt sich zusätzlich das Problem der wechselnden Lichtverhältnisse. Um sowohl im gleißenden Funkeln von sonnenbeschienenen Schneeflächen als auch in der dunklen Polarnacht gut sehen zu können, bräuchten Lebewesen hier eigentlich eine Kombination aus Schneebrille und Nachtsichtgerät. Genau so etwas haben die Moschusochsen im Laufe ihrer Evolution entwickelt. In den dunklen Monaten zwischen November und Februar können sie dank ihrer großen Pupillen und empfindlichen Netzhäute auch im Mond- und Sternenschein genügend erkennen. Wenn dann aber im Frühling die Sonne wieder über den Horizont steigt, können sie ihre Pupillen nahezu komplett schließen, um nicht schneeblind zu werden.

Frostschutz in den Adern

Moschusochsen, Eisbären und Pinguine können aus Nahrung Wärme gewinnen und so ihre Körpertemperatur auf gleichmäßig hohen Werten halten. Bei Fischen und anderen wechselwarmen Tieren verhält es sich anders. Sie passen ihre Körpertemperatur an die Umgebung an, müssen also mitunter einen eiskalten Körper auf Trab halten. Damit das auch klappt, produziert die Winterflunder im nördlichen Eismeer ihr eigenes Frostschutzmittel. Mit speziellen Eiweißen verhindert sie, dass ihr das Blut in den Adern gefriert. Ähnliche Substanzen bewahren auch andere wechselwarme Tiere vor dem Kältetod.

Gerade für Meeresbewohner sind die Eisschrank-Temperaturen aber nicht nur eine Gefahr. Sie bieten auch eine Chance auf ein langes Leben. So werden viele Wirbellose im Südpolarmeer deutlich älter als ihre Verwandten in gemäßigten Breiten. In den eisigen Fluten wachsen beispielsweise 500 Jahre alte Schwämme. Doris Abele und ihre Kollegen vom Alfred-Wegener-Institut für Polar- und Meeresforschung (AWI) in Bremerhaven untersuchen, was hinter der ungewöhnlichen Langlebigkeit dieser wechselwarmen Organismen steckt. Ein Teil des Geheimnisses besteht offenbar in einem eher bedächtigen und stressfreien Lebenswandel.

Bei Körpertemperaturen auf dem Niveau des kalten Meerwassers kann der Stoffwechsel nur auf Sparflamme arbeiten. Dadurch aber produziert er auch weniger gefährliche Abfallstoffe, die entgiftet oder entsorgt werden müssten. So entstehen im Energiestoffwechsel z.B. viel weniger sogenannte Sauerstoff-Radikale. Diese sind extrem aggressiv und schädigen vom Erbmaterial

Die wechselwarme Winterflunder produziert ein Frostschutzmittel, um dem Kältetod zu entgehen.

Tonnenschwere Klimazeugen

See-Elefanten mögen kein Eis an ihren Küsten. Für die Paarung und den Fellwechsel suchen sie sich nur solche Strände aus, an denen im Sommer offenes Wasser plätschert. Heutzutage wuchten sie deshalb ihre massigen Körper vor allem an den Stränden von Südgeorgien und anderen Inseln des Südpolarmeers aus dem Wasser, manche kommen sogar noch viel weiter nördlich in Argentinien an Land. Für die eisigen Küsten der Antarktis haben sie nichts übrig.

Ihre Vorfahren aber konnten durchaus auch den Stränden von Victoria-Land auf dem antarktischen Kontinent etwas abgewinnen. US-amerikanische Forscher haben dort jahrtausendealte Fellreste und sogar einige mumifizierte Körperteile von See-Elefanten gefunden. Daraus schließen sie, dass es dort früher wenigstens zeitweise deutlich wärmer gewesen sein muss als heute. Vor beispielsweise 1000 bis 2000 Jahren dürften an der inzwischen verwaisten Küste besonders robbenfreundliche Bedingungen geherrscht haben.

DNS über die Proteine bis zu den Fettbestandteilen der Membranen alle möglichen Bestandteile der Zellen. Das kann zu Erbgutschäden, Stoffwechselstörungen und sogar zum Tod der Zellen führen.

Wer aber im kalten Meerwasser lebt, setzt seine Zellen diesem Stress nur in geringerem Umfang aus und kann daher länger leben. Zusätzlich haben manche Arten noch weitere Tricks entwickelt, um in diesem extremen Lebensraum ein hohes Alter erreichen zu können. So vergraben sich Islandmuscheln immer wieder für ein paar Tage in den sauerstofffreien Tiefen des Meeresbodens. Dort drosseln sie ihren Herzschlag und reduzieren den gesamten Stoffwechsel auf ein Minimum. Wenn sie anschließend auftauchen, fahren sie ihn wieder hoch und produzieren so auch mehr Sauerstoff-Radikale. Gleichzeitig aber aktivieren die Muscheln spezielle Gene, um Enzyme zur Bekämpfung der gefährlichen Verbindungen zu bilden. Wahrscheinlich dienen die Schlammbäder unter anderem dazu, diese körpereigene Stressabwehr anzukurbeln. Die häufigen Ruhephasen und das zelluläre Fitnesstraining könnten eine Erklärung dafür sein, dass Islandmuscheln mehr als 200 Jahre alt werden. Wirbeltiere können diesen Trick allerdings nicht kopieren, weil ihr Stoffwechsel Sauerstoffmangel schlecht verträgt. Für Menschen wird der Grund des eisigen Südozeans also nicht zum Jungbrunnen werden.

Stress am Nest mit fatalen Folgen
»Der einsamste Kontinent der Erde« – so hat der Polarforscher Ernest Shackleton Anfang des 20. Jahrhunderts die Antarktis bezeichnet. Inzwischen aber haben nicht nur Wissenschaftler, sondern auch immer mehr Touristen den Reiz der eisigen Region entdeckt. Für Vögel und Robben, die an den dortigen Küsten ihre Jungen aufziehen, bleibt das nicht ohne Folgen. So sind zum Beispiel die mittlerweile als bedroht geltenden Riesensturmvögel **(Bild oben)** aus dem Umkreis mehrerer Forschungsstationen verschwunden – vermutlich, weil sie sich von den vielen Menschen in der Nähe ihrer Nester gestört fühlen und dadurch ihr Bruterfolg sinkt. Daher müssen inzwischen alle Antarktis-Besucher festgelegte Mindestabstände zu Vögeln und ihren Nestern einhalten.

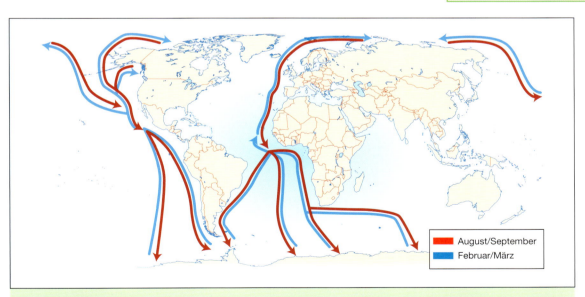

Vogelzug der Küstenseeschwalbe: Eines der faszinierendsten Tiere der Polargebiete ist die Küstenseeschwalbe. Diese einzigartige Vogelart ist zum Jagen auf Tageslicht angewiesen und folgt daher der Mitternachtssonne. Nachdem das Brutgeschäft im arktischen Sommer abgeschlossen ist, legen die Küstenseeschwalben im August/September auf verschiedenen Routen die unvorstellbar weite Strecke von 15 000 bis 20 000 km in die antarktischen Überwinterungsgebiete zurück. Wenn die Vögel im Februar/März dann wieder auf den langen Zug in die Arktis aufbrechen, ist dies das sichere Zeichen, dass sich der Sommer in der Antarktis dem Ende zuneigt.

ÜBERLEBENSKÜNSTLER IM EIS: DIE TIER- UND PFLANZENWELT 109

DIE KÄLTEPROFIS II – TIERE IN DER ANTARKTIS

Die geografische Isolation und die jahrtausendelange Unberührtheit durch den Menschen haben in der Antarktis einen Naturraum erhalten, der weltweit beispiellos ist. Seine charakteristischsten Vertreter sind die Pinguine. Weil es auf dem Südkontinent keine Landraubtiere gibt, haben diese Wasservögel ihre Flugfähigkeit im Laufe der Evolution eingebüßt. So unbeholfen sie sich über Land bewegen, so wendig tummeln sie sich im Wasser. Ihre Flügel als Ruder benutzend, sind sie mühelos in der Lage, mehr als 250 m tief zu tauchen und mit blitzschnellen Unterwassermanövern Fische zu fangen. Um sich von dieser Anstrengung und langen Nahrungssuchen zu erholen, ziehen sich Pinguine gern auf Eisschollen zurück.

Die Eisberge der Antarktis sind zugleich aber auch eine Gefahr für die putzigen Vögel im Frack. Als im März 2000 zwei riesige Eisberge vom Ross-Eisschelf abbrachen und in den McMurdo-Sund trieben, waren die dort ansässigen Pinguinkolonien vom Aussterben bedroht. Die weißen Riesen versperrten den Weg von den Futtergründen im Meer zurück auf das Festlandeis. Die Ausdehnung des Meereises verlängert zudem die Wege, die Pinguine zwischen Küste und Brutplatz zurücklegen müssen.

Andere Tierarten sind bereits verschwunden. Mit der Entwicklung von Dampfschiff und Sprengharpune wurde die unberührte antarktische Wildnis im 19. Jahrhundert zum Schauplatz erbarmungsloser Jagden auf Wale und andere Meeressäuger. Verboten wurde das Töten erst, als einige Arten verschwanden, andere am Rand der Ausrottung standen. Zu den größten Gefährdungen zählen heute die Überfischung der arktischen Gewässer und die immer häufigeren Störungen von Nistplätzen und Brutkolonien durch Besucher.

DIE TIER- UND PFLANZENWELT

Gemeinsam auf der Jagd

Fast alle Bartenwale und einige Zahnwale unternehmen jährlich ausgedehnte Wanderungen zwischen ihren Fortpflanzungsgebieten in den Tropen und ihren polaren Weidegründen. Einige dieser Arten sind nur in der Arktis oder Antarktis verbreitet, andere wie die Blau-, Buckel- und Finnwale haben eine nördliche und südliche Rasse hervorgebracht, deren Scheidegrenze der Äquator ist.

Zu den größten wandernden Zahnwalen mit weltweiter Verbreitung zählen die Großen Schwertwale oder Orcas, die in Familienverbänden mit komplexer Sozialstruktur und einem je eigenen Dialekt leben. Die geselligen Tiere halten nicht nur gemeinsam Atemlöcher in der Eisrinne offen **(Bild oben links)**, sie gehen auch im Familienverband auf die Jagd. Dadurch können sie neben kleineren Schwarmfischen **(Bild oben Mitte)** auch stattliche Meeressäuger erbeuten – etwa die Jungtiere großer Wale, die sie nach stundenlangen Erschöpfungsjagden von ihren Müttern abdrängen und töten.

Bei vielen Orca-Gruppen lässt sich sogar eine Spezialisierung auf bestimmte Jagdstrategien beobachten. So sind Herden bekannt, die Pinguine und Robben gezielt von ihren Eisschollen schubsen. Andere Gruppen praktizieren die »Strandungstechnik«, bei der die Tiere wie Torpedos aus dem Wasser schießen, um Robben im Uferbereich zu erbeuten **(Bild oben rechts)**. Bei beiden Techniken handelt es sich um erlerntes Verhalten.

Rechts: Mit einer Länge von bis zu 20 m sind Pottwale die größten Zahnwale. Ihr charakteristischer, klobiger Kopf macht etwa ein Drittel ihrer Körperlänge aus. Pottwale ernähren sich von Krebsen, Fischen, Haien und Rochen, vor allem aber von Riesenkraken, die sie bei ihren ausgedehnten Tauchgängen in der Tiefsee erbeuten. Während weibliche Tiere ihr gesamtes Leben in wärmeren Meeren verbringen, wandern die Männchen jahreszeitlich zwischen den subtropischen und polaren Breiten. Wegen ihres Walrats – einer weißgelblichen, wachsähnlichen Substanz im Kopf, die lange Zeit als Pulver bei Husten und Lungenerkrankungen verabreicht wurde – wurden Pottwale jahrhundertelang intensiv bejagt; inzwischen haben sich die Bestände aber wieder leicht erholt.

Bunte Vielfalt am und im Meer

Ein Südlicher See-Elefant, stolzer Vertreter der größten Robbenart der Erde, liegt dösend an der Küste der Insel Südgeorgien **(großes Bild)**: Auch wenn sich See-Elefanten über weite Teile des Jahres über ein Gebiet zerstreuen, das von den Küsten Patagoniens und Südafrikas bis nach Australien und Neuseeland reicht, finden sie zur Fortpflanzung doch alle in ihre antarktischen Ursprungsgebiete zurück.

Der große Formen- und Individuenreichtum der antarktischen Tierwelt macht Revierkämpfe unvermeidbar. Bei den Robben werden diese von den Männchen ausgetragen, die deshalb meist deutlich größer sind als die weiblichen Tiere. Aber auch artübergreifend kann es zu Konflikten kommen, etwa wenn ein junger und unerfahrener Antarktischer Seebär einem Paar Königspinguinen zu nah auf den Leib rückt **(Bild oben)**.

Auch unter Wasser ist der antarktische Ozean voller Leben. Eine endemische, d.h. nur in der Antarktis vorkommende Form ist der Antarktische Eisfisch, der in einer Anpassung an die niedrigen Temperaturen auf den roten Blutfarbstoff verzichtet, um sein Blut dünnflüssiger zu machen **(zweites Bild von oben)**. Im Gezeitenbereich tummelt sich die rötliche Nacella concinna, eine kälteliebende Verwandte der europäischen Napfschnecken **(drittes Bild von oben)**. Auch Kammmuscheln, Seeigel und Schlangensterne sind mit kälteresistenten Varianten vertreten **(Bild unten)**. Sie zählen zu den Benthonten – Tierarten, die den Meeresboden bevölkern.

Spezialisten in lebensfeindlicher Umgebung

Die bis zu 1,30 m hohen Kaiserpinguine ziehen ihre Jungen mitten im antarktischen Winter auf **(großes Bild)**. Um ihre teilweise mehr als 100 km im Landesinneren gelegenen Nistplätze zu erreichen, müssen sich die Tiere bei Temperaturen von unter −40 °C durch eisige Schneestürme kämpfen **(Bild unten)**. Überleben können sie unter diesen Bedingungen nur, weil ein mächtiges Fettpolster und ein dichtes Gefieder von zwölf Federn je Quadratzentimeter ihren Körper schützen. Dicht an dicht in ihren Brutrevieren stehend, erkennen sich Eltern- und Jungtiere an ihrem charakteristischen Ruf, der sich von dem aller anderen Brutpaare unterscheidet.

Den Kaiserpinguinen in Farbe und Gestalt sehr ähnlich, nur ein wenig kleiner, sind die Königspinguine. Diese exzellenten Schwimmer können bei ihrer Jagd auf Fische und Tintenfische mehrere Hundert Meter tief tauchen **(Bild ganz unten)**. Ihre Jagdgründe befinden sich durchschnittlich 400 km vor der Küste.

116 ÜBERLEBENSKÜNSTLER IM EIS: DIE TIER- UND PFLANZENWELT

VON DER KIESELALGE ZUM BLAUWAL – DIE NAHRUNGSKETTEN DER EISREGIONEN

Die wahren Herrscher der Polargebiete sind nicht die gewaltigen Wale, die unzähligen Pinguine oder die majestätischen Eisbären. Das Leben in den kalten Regionen hängt von viel unscheinbareren Organismen ab: einzelligen Algen und kleinen Krebstieren, dem sogenannten Krill. Ohne sie würden die Nahrungsketten zusammenbrechen und sämtliche Polarbewohner müssten verhungern. Bisher ist der Tisch in den kalten Ozeanen um Arktis und Antarktis mit solchen schwimmenden Leckerbissen noch reich gedeckt. Doch es gibt schon erste Anzeichen dafür, dass der Klimawandel das Nahrungsangebot verändern wird. Welche Folgen das für die einzigartige Tierwelt des hohen Nordens und des tiefen Südens der Erde haben wird, lässt sich bisher noch kaum absehen.

Pinguinkolonien schreiben Klimageschichte

Die Siedlungsgeschichte von Adélie-Pinguinen verrät Wissenschaftlern bisher unbekannte Details über die Klimaentwicklung in der Antarktis. Zur Nahrungssuche benötigen die Tiere einen Zugang zum offenen Meer. Verschwindet dieser bei sinkenden Temperaturen unter dem Packeis, geben sie ihre Kolonien auf. Im Boden aber bleiben zahlreiche Knochenreste von Jungvögeln zurück, vermischt mit Federfragmenten, Pinguinkot und den Bruchstücken von Eierschalen. Solche Überbleibsel haben Wissenschaftler von der University of North Carolina (USA) datiert. Daraus konnten sie erkennen, wann die jeweiligen Kolonien entstanden und wann sie wieder verlassen wurden. Demnach haben die Vögel die gesamte südliche Küste von Victoria-Land vor etwa 2000 Jahren aufgegeben und erst 1000 Jahre später wieder besiedelt. Wahrscheinlich hat das Rossmeer während der pinguinlosen Zeit unter großen Eismassen gelegen. Solche Informationen über relativ kurzfristige Klimaphänomene in einem begrenzten Gebiet lassen sich aus den üblichen Eis- und Sedimentuntersuchungen nur schlecht gewinnen.

Ein Buckelwal lässt Meerwasser in seinen Schlund laufen. Beim Herauspressen siebt er mit seinen Barten Krill und kleine Fische heraus. Zuvor hat der Meeressäuger unter Wasser zahlreiche Luftbläschen erzeugt, die die Konzentration der Kleinstlebewesen in den oberen Wasserschichten erhöhen.

Im Eispanzer der Antarktis verbirgt sich ein Labyrinth aus zahlreichen Löchern, in denen es vor Leben nur so wimmelt.

Eis ist schon eine faszinierende Sache für Physiker und Klimaforscher. Für sie stellt der gefrorene Panzer des Südpolarmeeres jedenfalls ein lohnendes Forschungsobjekt dar. Aus Biologensicht allerdings scheint das Meereis auf den ersten Blick nicht allzu spannend: Kilometer um Kilometer glitzerndes Weiß ohne sichtbare Spuren von Tieren und Pflanzen. Doch der Eindruck täuscht. Man muss nur etwas genauer hinschauen, dann entdeckt man Leben an einem der unwirtlichsten Orte, die es auf der Erde gibt: In der Eisdecke rings um die Antarktis wimmelt es nur so davon.

Algen »on the rocks«

Als Wissenschaftler des Alfred-Wegener-Instituts für Polar- und Meeresforschung in Bremerhaven (AWI) in den 1980er-Jahren ihre ersten Entdeckungsreisen in diese gefrorene Welt unternahmen, trauten sie manchmal ihren Augen nicht. Wenn sich ihr Forschungseisbrecher »Polarstern« durch die weiße Fläche pflügte, kehrte er immer wieder einmal das Unterste zuoberst. Eisschollen zerbrachen und kenterten, so dass die normalerweise im Wasser liegende Seite ans Tageslicht kam. Und die sah nicht etwa weiß, sondern kaffeebraun aus. Dafür aber hatten die Biologen nur eine Erklärung: Die Verfärbungen mussten auf das Konto von Algen gehen. Fasziniert holten die Forscher Proben an Bord und tauten sie auf. Tatsächlich fanden sie darin massenweise mikroskopisch kleine Wasserpflanzen. Offenbar haben sich diese Organismen einen Lebensraum mitten im Eispanzer des Ozeans erschlossen.

Der ist nämlich keineswegs die kompakte Masse, als die er auf den ersten Blick erscheint. Vielmehr wird das Eis von einem Labyrinth aus zahlreichen Löchern und feinen Poren durchzogen. Wenn diese Hohlräume während des Gefrierprozesses entstehen, werden in ihnen immer wieder kleine Meeresbewohner eingeschlossen. Für viele davon aber bedeutet die plötzliche Gefangenschaft keineswegs das Ende. Sie haben gelernt, in den Lücken im Eis zu überleben. So haben Wissenschaftler in diesem ungewöhnlichen Lebensraum mehr als 100 Arten von Kieselalgen und anderen pflanzlichen Einzellern gefunden. Auch Bakterien gibt es dort in Hülle und Fülle; sogar einige winzige Krebse und Würmer sowie verschiedene Larven finden im Eis ein Auskommen. Immerhin bietet das kalte Gefängnis ja auch Schutz vor den zahlreichen Feinden, die auf solche kleinen Organismen lauern.

Flexible Überlebenskünstler

Tiere und Pflanzen, die diesen Vorteil nutzen wollen, müssen allerdings echte Überlebenskünstler sein. Viele bilden beispielsweise körpereigene Frostschutzmittel, um der beißenden Kälte zu trotzen. Im Labor des AWI wuchsen manche Eisalgen noch bei Temperaturen von −5,5 °C, ein bloßes Überleben ohne Wachstum war sogar bei noch tieferen Temperaturen möglich.

Neben der Kälte haben die Eisbewohner aber auch noch andere Herausforderungen zu meistern. So besteht das Meereis selbst zwar aus Süßwasser, in seinen Poren aber schwappt in einer hochkonzentrierten Lösung das Salz des Meeres. Diese Lake würde lebenden Zellen normalerweise das Wasser entziehen und sie so verschrumpeln lassen. Dagegen schützen sich die Organismen mit der Aminosäure Prolin und anderen biochemischen Hilfsmitteln.

Zu allem Überfluss ist es im Innern des Eises auch noch ziemlich dunkel. Licht aber benötigen die Algen für den Prozess der Photosynthese, mit dem sie ihre Energie gewinnen. Den Eisbewohnern bleibt also nichts anderes übrig, als das wenige zur Verfügung stehende Licht besonders effektiv einzufangen. Die AWI-Forscher haben herausgefunden, dass sie dazu mehr Chlorophyll und andere lichtempfindliche Pigmente besitzen als ihre Artgenossen im freien Wasser.

Es genügt allerdings nicht, sich einmal auf solche widrigen Bedingungen einzustellen und dann jahrein jahraus mit den entsprechenden Anpassungen zu leben, denn im Frühling und Sommer tauen z.B. rings um die Antarktis jedes Jahr mehr als 80 % des Meereises auf. Dann werden auch die Organismen aus ihrem kalten Gefängnis befreit. Bis die Meeresoberfläche im Herbst erneut gefriert, müssen sich die Eisbewohner nun auf die völlig anderen Lichtverhältnisse, Salzkonzentrationen, Strömungen und sonstigen Lebensbedingungen im freien Wasser einrichten. Wer im Meereis überleben will, muss flexibel sein.

Frutti di Mare für alle

Kieselalgen und andere pflanzliche Einzeller wachsen aber nicht nur in den Hohlräumen, sondern auch an der Unterseite des Meereises. Dort haben sie Kontakt zum Wasser, das ihnen immer wieder Nährsalze nachliefert. Diesen Vorteil bezahlen sie mit einem erhöhten Risiko: Für ihre Feinde sind sie unter dem Eispanzer deutlich leichter zu erreichen als in seinem Innern. Zu den tierischen Vegetariern, die sich für diese Nahrungsquelle interessieren, gehört der wohl wichtigste Bewohner des Südpolarmeeres. Der Antarktische Krill Euphausia superba ist ein eher unscheinbarer, etwa fünf Zentimeter langer Krebs. Doch er bildet das entscheidende Glied aller Nahrungsketten rings um die Antarktis. Fische, Vögel und Säugetiere der Region ernähren sich entweder direkt davon oder stellen anderen Krillfressern nach.

Für Krabbenfresser-Robben und Adélie-Pinguine steht das kleine Krustentier ebenso ganz oben auf dem Speiseplan wie für etliche Walarten. Selbst der gewaltige Blauwal füllt sich den Magen mit Krill. Statt Zähnen haben diese Meeresriesen lange, geriffelte Hornplatten im Maul, die von Borsten gesäumt sind. Mit diesen sogenannten Barten fischen sie ihre Mahlzeiten aus den Fluten. Dazu müssen sie nur das Maul leicht öffnen und das Meerwasser hineinströmen lassen. Mit ihrer riesigen Zunge pressen sie es dann durch die Barten wieder hinaus. Wie in einem Sieb bleibt dabei der Krill an den Borsten hängen, so dass der Wal seine Meeresfrüchte nur noch hinunterschlucken muss.

An einem einzelnen Krebs ist allerdings nicht viel dran, vor allem, wenn man ihn im Vergleich zur Größe seines Feindes betrachtet. Immerhin sind Blauwale wahrscheinlich die größten Tiere, die es auf der Erde je gegeben hat. Im Durchschnitt bringen sie es auf ungefähr 30 m Länge und 150 bis 200 Tonnen Gewicht. Weibchen können auch noch größer werden. Ein durchschnittlicher Elefant, der gerade einmal zwischen zwei und fünf Tonnen wiegt, nimmt sich dagegen wie ein Zwerg aus. Ein so großer Körper muss natürlich auch angemessen ernährt werden. Biologen schätzen, dass ein Blauwal jeden Tag anderthalb Millionen Kalorien verbraucht. Um diesen gewaltigen Bedarf zu decken, verschlingt ein einziger dieser Meeresriesen an einem Sommertag etwa 40 Millionen der kleinen Krebstiere mit einem Gesamtgewicht von dreieinhalb Tonnen.

Zum Glück für die Wale wimmelt es in den kalten Polargewässern im Sommer geradezu von ihrer Leibspeise. Der Antarktische Krill lebt in riesigen Schwärmen, in nicht einmal 30 Liter Wasser drängen sich mitunter 10 000 Krebse. Wissenschaftler schätzen, dass insgesamt etwa 1,35 Milliarden Tonnen Krill in den antarktischen Gewässern schwimmen. Damit übertrifft das Krustentier locker das Gesamtgewicht sämtlicher auf der Erde lebender Menschen, die es zusammen auf ungefähr 0,3 Milliarden Tonnen bringen.

Ein schwindender Lebensraum

Allerdings verteilen sich die Krebse nicht gleichmäßig auf die Meeresgebiete der Region. Britische Forscher haben nicht nur die Krillbestände im offenen Wasser untersucht, sondern auch ein U-Boot 27 km weit unter das Eis der antarktischen Weddellsee tauchen lassen, um die dortigen Schwärme mit akustischen Messgeräten aufzuspüren. Dabei haben sie festgestellt, dass die kleinen Krustentiere eine Vorliebe für die gefrorenen Ozeanregionen haben, die zwischen einem und 13 km südlich der Eiskante liegen. Dort treibt etwa fünfmal so viel Krill im Wasser wie weiter im Norden in den eisfreien offenen Meeresbereichen.

Die Unterseite des Eises ist für die Krebse eine Art Schlaraffenland. In rasantem Tempo weiden sie die dort wachsenden Kieselalgen ab. Ihr Nachwuchs findet in der eisigen Kinderstube genug zu fressen und Schutz vor Feinden. Wissenschaftler fragen sich allerdings besorgt, wie lange es diesen idealen Krill-Lebensraum noch geben wird, denn auf der Antarktischen Halbinsel sind die Temperaturen in den letzten 50 Jahren bereits um mehr als 2,5 °C gestiegen. Diese Region hat sich damit fünfmal so schnell erwärmt wie die Erde im Durchschnitt. Während des Winters auf der Südhalbkugel schwimmt daher heute deutlich weniger Eis auf dem Südpolarmeer als früher. Und weniger Meereis dürfte nach Ansicht vieler Biologen auch weniger Krill bedeuten.

Tatsächlich gibt es bereits Hinweise auf drastisch schrumpfende Krill-Bestände. Im Jahr 2004 haben Antarktisforscher aus neun Ländern, darunter auch Deutschland, ihre Daten zusammengetragen. Dem Team um Angus Atkinson vom British Antarctic Survey in Cambridge standen damit Informationen aus 40 antarktischen Sommern zwischen 1926 und 2003 zur Verfügung. Zum ersten Mal gab es nun eine Langzeitstudie über die Krill-Vorkommen der Region. Und die Ergebnisse verheißen nichts Gutes: Demnach sind die Bestände der kleinen Krebse im Südlichen Ozean seit den 1970er-Jahren um etwa 80 % zurückgegangen.

Pinguine auf Diät

Der Schwund der Krebstierchen könnte nach Einschätzung vieler Forscher eine Ursache für den schon heute beobachteten Rückgang verschiedener Pinguinarten sein. Bill Fraser von der Montana State University in Bozeman (USA) untersucht zum Beispiel die Adélie-Pinguine in der Nähe der US-amerikanischen Palmer-Station auf der Antarktischen Halbinsel. In den 30 Jahren, in denen er das Schicksal dieser Tiere verfolgt, ist die Kolonie auf etwa ein Viertel ihrer Ursprungspopulation geschrumpft. Und in ein paar Jahren könnten die

Rätselhafte Krill-Krankheit: Aliens im Tierkörper

Die Szene erinnert an einen Gruselfilm: Fremde Eindringlinge nisten sich im Körper ihres Opfers ein, höhlen ihn innerhalb kürzester Zeit aus und verschlingen sämtliche Organe. Anschließend platzt die leere Hülle auf und entlässt einen Schwarm neuer Parasiten in die Freiheit. Diese unappetitlichen Vorgänge haben mexikanische und US-amerikanische Meeresbiologen tatsächlich beobachtet. Im Jahr 2003 beschrieben sie eine bis dahin unbekannte Krankheit des Krills.

Bis dahin hatten Wissenschaftler angenommen, dass Gefressenwerden und Verhungern die wesentlichen Todesursachen bei den kleinen Krustentieren sind. Dann aber stellte sich heraus, dass die Größe der Krill-Bestände auch durch Krankheiten reguliert wird. Der Erreger des geheimnisvollen Leidens ist ein einzelliges Wimperntierchen aus der Gattung Collinia. Zwischen dem Befall mit diesem Parasiten und dem Tod des Krills vergehen meist nur etwa 40 Stunden.

schwarz-weißen Vögel sogar ganz aus dem Gebiet verschwunden sein, befürchtet der Biologe. Ein wahrscheinlicher Grund für den Rückgang ist der Hunger der Pinguine. Seit im Winter weniger Eis auf dem Wasser vor der Antarktischen Halbinsel schwimmt, fehlen den Krebsen ihre Weidegründe und damit verschwindet auch der reich gedeckte Tisch für die Adélie-Pinguine.

Andere Bewohner des Südozeans haben dagegen von der Erwärmung profitiert. Die Bestände der Salpen zum Beispiel wachsen. Diese kleinen, fassförmigen Manteltierchen schweben als Plankton im Südozean und vertragen auch höhere Temperaturen. Eine fressbare Alternative zum Krill sind die quallenähnlichen Gebilde für viele Tiere allerdings nicht. Den Walen, Robben und Pinguinen der Antarktis droht damit das Futter knapp zu werden. Ohne Krill wird das Ökosystem Antarktis nicht mehr funktionieren.

Wie die Krill-Bestände der Antarktis, so verändern sich auch die Vorkommen der Meereisalgen in der Arktis. Untersuchungen in der Beaufortsee haben gezeigt, dass die bislang nachgewiesenen Algen schon zu erheblichen Teilen von Arten verdrängt wurden, die mehr an Frischwasser gebunden sind. Die Ursache hierfür dürfte ebenfalls in der Klimaerwärmung zu finden sein: Die großen Mengen an Schmelzwasser in der Arktis führen zu einer zunehmend dickeren Schicht an salzarmem Wasser unter dem Eis. Mit dem veränderten Nahrungsangebot an Algen wird sich auch der arktische Fischbestand verändern. Ob dies Konsequenzen für die Hauptabnehmer der Fische, die Robben, haben wird, ist noch unklar. Zu den Gewinnern dieser Entwicklung zählt hingegen der Kabeljau. War es ihm noch Anfang des 21. Jahrhunderts um Grönland zu kalt, kann er sich heute in den dortigen Gewässern verstärkt vermehren.

Die Grafik zeigt eine typische Nahrungskette der Arktis: Das mit Hilfe des Sonnenlichts wachsende Phytoplankton dient maritimen Kleinstlebewesen, dem sogenannten Zooplankton, als Nahrung. Fische wie Hering und Kabeljau ernähren sich wiederum von diesen und werden ihrerseits von Robben gefressen. Letztere sind eine bevorzugte Beute des Schwertwals.

Kurze Wege in den Eisbärenmagen

Genau wie in der Antarktis beginnen auch im hohen Norden des Planeten sämtliche Nahrungsketten im Meer. In der Arktis leben von Eisbären und Wölfen bis hin zu Moschusochsen und Rentieren etliche große Säugetiere, die beachtliche Mengen an Futter benötigen. Das karge Land mit seinem frostigen Klima aber kann unmöglich genügend Nahrung für all diese Landbewohner produzieren. Also hängt das Leben auch dort von winzigen Algen und anderen Wasserbewohnern ab. Typische polare Nahrungsketten sind ziemlich kurz: Meer- und Eisalgen landen zum Beispiel im Magen des Krills oder der »Zooplankton« genannten Kleintiere, die in den kalten Fluten schweben. Diese wiederum ernähren Fische wie Hering und Kabeljau, die ihrerseits von Robben verspeist werden. Von denen lebt dann schließlich der Eisbär – das einzige Tier der Arktis, das keine natürlichen Feinde hat.

ÜBERLEBENSKÜNSTLER IM EIS: DIE TIER- UND PFLANZENWELT 121

POLARE PFANZENWELTEN – WACHSTUM DER KÄLTE ABGETROTZT

Ein Blütenmeer im arktischen Frühling ist ein seltener Anblick; hier zu sehen am Fuße des Sermeq Kujalleq in Grönland, des größten Gletschers außerhalb der Antarktis. Der Gletscher kalbt an jedem einzelnen Tag so viel Eis ins Meer, dass man damit den Wasserbedarf von New York ein Jahr lang decken könnte.

Die Polarregionen stellen die Pflanzenwelt vor extreme Herausforderungen. Die größte unter ihnen ist für Blütenpflanzen die extrem kurze Vegetationsperiode. Alle Blütengewächse, die sich in dieser kargen Umwelt behaupten wollen, müssen ihren gesamten Lebenszyklus von der Keimung bis zur Samenreife in den wenigen Wochen des polaren Frühjahrs und Sommers durchlaufen. Ein zweites großes Problem neben der andauernden Kälte und den langen Wintern ist der Permafrost, der vor allem Holzgewächsen die Wurzelbildung stark erschwert. In der Arktis existieren immerhin einige wenige Pflanzen, die botanisch zu den Bäumen zählen, während sich in der noch unwirtlicheren Antarktis nur eine sehr kleine Gruppe höherer Pflanzen etablieren konnte.

Zu den pflanzlichen Überlebenskünstlern in den polaren Breiten zählen die Moose, Flechten und Algen. Letztere überdauern die Winter meist in mikroskopisch kleinen Entwicklungsstadien, die sich im Sommer zu teilweise mächtigen Organismen auswachsen. Andere Vertreter dieser Pflanzengruppe bleiben winzig klein, wie die Eisalgen, von denen sich der Antarktische Krill ernährt. Naturschützer befürchten, dass sich durch die globale Erwärmung die Vegetationszonen auf Dauer verschieben könnten, zum Nachteil vor allem der besonders gut an Kälte angepassten Arten.

ÜBERLEBENSKÜNSTLER IM EIS: DIE TIER- UND PFLANZENWELT **123**

Pflanzliche Globetrotter

Wie kaum eine andere Pflanzengruppe haben Flechten die gesamte Erde erobert. Man begegnet ihnen auf allen Breitengraden zwischen Tropen und Polarkreis, sei es in Heiden, Dünen und Hochgebirgen oder auf dem kargen Gesteinsboden der Tundra. Das bekannteste Flechtengewächs der Tundra ist die Rentierflechte, ein Spezialist für karge und saure Böden **(großes Bild)**.

Flechten sind Doppelwesen; Biologen sprechen von Symbiosen: Sie bilden in Form und Lebensweise eine Einheit aus einem Pilz und einer einzelligen Alge. Letztere sind mitunter auch ohne ihre Pilzpartner lebensfähig, während die an der Flechtenbildung beteiligten Pilze ausschließlich in dieser Symbiose vorkommen. In ihrer Lebensgemeinschaft herrscht eine perfekte Arbeitsteilung: Der Pilz versorgt die Alge mit Wasser und mit Nährsalzen, die er dem Substrat, notfalls sogar dem nackten Felsen entnimmt; die Algen erledigen die Photosynthese und versorgen die Flechte mit Kohlehydraten.

Für das Ökosystem der Tundra spielt die Rentierflechte eine gewichtige Rolle. Vor allem in den strengen Wintern dient das buschige Gewächs den namengebenden Rentieren als wichtige Futterpflanze. Die Zellwände des Flechtenpilzes, die aus Chitin bestehen, zersetzen spezielle Bakterien im Rentierdarm.

Oben: Zu den wenigen holzbildenden Pflanzen, die auch unter den Extrembedingungen der polaren Breiten gedeihen, gehört die meist 20 bis 60 cm hohe Zwergbirke. Dieser reich verzweigte Strauch, der bevorzugt nährstoffarme, aber sonnige Standorte besiedelt, kann mühelos winterliche Durchschnittstemperaturen von −30 °C ertragen. Häufig zu finden ist die Zwergbirke in den arktischen Tundren und in Skandinavien. Auf der Südhalbkugel tritt sie nur in den subantarktischen Breiten auf.

Links: Ein besonders dicht und reichhaltig blühendes Orchideengewächs, das auch den skandinavischen Wintern zu trotzen vermag, ist die Weiße Höswurz oder Weißzunge. In Mitteleuropa ist diese kleine, kräftige Pflanze fast nur noch in den Alpen zu finden.

Unten: Kälteresistente Verwandte unserer heimischen Blütenpflanzen, die dem arktischen Klima trotzen, sind die Boreale Jakobsleiter **(Bild oben)**, ein Heidekrautgewächs, der auf steinigen Untergründen in der gesamten Arktis wachsende Svalbard-Mohn **(Bild Mitte)** und der farbenfrohe Gegenblättrige Steinbrech **(Bild unten)**.

Beispiel guter Nachbarschaft

Zwei Pflanzen, die sich auf den Böden der Nordhemisphäre über nahezu den gesamten Bereich rund um den Nordpol ausgebreitet haben, sind Eriophorum scheuchzeri, besser bekannt als Scheuchzers Wollgras, und das Arktische Weidenröschen, die Nationalpflanze Grönlands.

Das zur Familie der Nachtkerzengewächse zählende Arktische Weidenröschen **(Bild rechts)** hat seine gesamte Biologie auf ein Überleben unter Extrembedingungen ausgerichtet. Zum einen gedeiht es auf fast jedem Untergrund, selbst auf Sand oder Stein. Zum anderen pflanzt es sich, wie viele typische Pionierpflanzen, durch Selbstbestäubung fort, was ihm vor allem in seinen nördlichsten, äußerst insektenarmen Verbreitungsgebieten zugute kommt. Das Arktische Weidenröschen wird maximal 40 cm hoch. Die Farbe der Blütenblätter variiert zwischen tief Violett und fast Weiß.

Die Gruppe der Wollgräser ist mit ihren zahlreichen Arten und Unterarten in weiten Teilen der Nordhalbkugel vertreten. Ihr häufigster Vertreter in den subarktischen Zonen ist Scheuchzers Wollgras **(Bild unten)**, das häufig in enger Nachbarschaft mit dem Arktischen Weidenröschen existiert.

Pioniere der Antarktis

In dem extrem artenarmen antarktischen Florenreich spielen Flechten eine unersetzliche Rolle als Pionierpflanzen, denn auch dort, wo alle anderen Gewächse kapitulieren müssen, klammern sich ihre vielzelligen Vegetationskörper an das Substrat. Ihre Haftfasern bohren sich in die feinsten Ritzen und Spalten. Auf diese Weise zermürben sie, unterstützt durch die Erosionskraft der antarktischen Urelemente, das härteste Felsgestein **(großes Bild)**. Wenn ihre Flechten irgendwann absterben, bleibt eine Schicht zurück, die oft nur wenige Millimeter stark ist. Zusammen mit den Resten des Flechtenkörpers und dem angewehten Staub bietet sie aber eine Grundlage für die Ansiedlung von Moosen und höheren Pflanzen.

Für diese Pionierleistung benötigen Flechten allerdings sehr viel Zeit. Die Landkartenflechte z.B. erreicht pro Jahr einen Radialzuwachs von allenfalls einem halben Millimeter, auch die meisten anderen Vertreter dieser Pflanzengruppe breiten sich nur unendlich langsam aus. Diese Eigenschaft liefert Menschen, die sich für den Schutz der Antarktis einsetzen, ein Argument gegen die zunehmende wirtschaftliche und touristische Erschließung dieses Landstrichs: Wird eine antarktische Krustenflechte durch Unachtsamkeit zerstört, kann die Pionierarbeit einiger Jahrhunderte auf einen Schlag zunichte sein.

Oben: Typisch für die sommerliche Küstenlandschaft der Antarktischen Halbinsel sind solche spärlich mit Moosen und Flechten bewachsenen Felsen. Dass abgeschiedene Buchten wie die Paradise Bay – einst eine unbestrittene Domäne von Walen, Robben und Pinguinen – seit einigen Jahren von einer sprunghaft steigenden Zahl von Touristen frequentiert werden, bereitet Naturschützern Sorgen.

Rechts: Mikroalgen, hier auf einem Quarzstein, zählen zur Gruppe der Mikroorganismen mit echtem Zellkern. Sie sind pflanzenartig und betreiben Photosynthese, werden aber nicht zu den eigentlichen Pflanzen gezählt.

ÜBERLEBENSKÜNSTLER IM EIS: DIE TIER- UND PFLANZENWELT 129

DER MENSCH IM »EWIGEN« EIS

132   Ein Leben im abrupten Wandel – Die Polarvölker

138   Die Inuit – Ein Volk im Umbruch

142   Pioniere und Entdecker – Der Weg zu den Polen

148   Von Macht und Militär – Aufrüstung rund um den Nordpol

152   Neuen Erkenntnissen auf der Spur – Forschung im Eis

160   Das Rennen hat begonnen: Wettlauf um Nutzungsrechte

166   Die Arktis – Ein ökonomischer Hotspot

174   Zwischen Profit und Verheißung – Bodenschätze unter dem Eis

180   Waagschale im Ungleichgewicht – Der Mensch gefährdet die ökologische Balance

186   Chancen des Klimawandels – Vorreiter Grönland?

EIN LEBEN IM ABRUPTEN WANDEL – DIE POLARVÖLKER

Auf Baffinland in der kanadischen Zentralarktis wartet Thomas Nutararearq auf Karibus. Dem toten Tier wird er später aus Dankbarkeit und Respekt Wasser anbieten – ein Relikt der alten Inuit-Religion, das sich vielerorts erhalten hat, genauso wie das Ethos des gemeinschaftlichen Teilens der Beute.

Geduld, Ausdauer und Geschicklichkeit sind noch immer die wichtigsten Tugenden eines Inuit-Jägers, auch wenn Gewehre im 20. Jahrhundert die traditionellen Waffen ersetzt haben. Die Kultur der Inuit ist in erster Linie auf die reichen Ressourcen des Meeres ausgerichtet. Aber auch das Karibu ist eine wertvolle Beute, vor allem wegen seines Winterpelzes. Die Frauen schätzen zudem die Sehnen seiner Hinterläufe als beste Nähfäden. Karibus haben hohle Haare, Kleidung aus ihren Fellen ist daher extrem warm, leicht und anschmiegsam.

Traditionelle Kleidung steht auch heute hoch im Kurs – bei Inuit wie bei Weißen, denn sie ist nicht durch die teure und weniger funktionale Kleidung der Outdoor-Industrie zu ersetzen. Um bei Temperaturen von –30 °C stundenlang regungslos auf Beute zu warten, benötigt ein Jäger nur zwei Lagen Kleidung: die Unterkleidung mit weichem Pelz nach innen, darüber die »Parka« oder »Anorak« genannte Jacke. Die Nachfrage nach Inuit-Handarbeit darf jedoch nicht darüber hinwegtäuschen, dass viele der Ureinwohner in der heutigen Welt Probleme haben. Jäger sind kaum noch gefragt. Der Weg in die Sesshaftigkeit hat die Abhängigkeit von den Verwaltungen der arktischen Staaten erhöht. Viele Inuit sind zu Empfängern staatlicher Zuwendungen geworden.

Zwischen Tradition und Moderne

Im kanadischen Churchill, Manitoba, haben Inuit für Gäste traditionelle Kleidung aus Robben- und Karibu-Pelz angelegt und ein Iglu erbaut **(Bild oben)**. Die weltberühmten Kuppelhäuser aus Schneeblöcken sind schnell errichtet, stabil, wärmend – und Teil der touristischen Arktis-Romantik. Außer in der Zentralarktis dienten sie nie als Dauerbehausungen, sondern als Unterkünfte auf Jagdzügen. Ansonsten lebten die Familien in festen Häusern aus Treibholz, Steinen, Walknochen und Grassoden.

Inuit-Jugendliche aus Alaska wachsen heute mit den gleichen Werten, Moden und Haltungen auf wie die westliche Jugend **(Bild unten)**. Die moderne Konsum- und Bilderwelt dringt über die Medien längst bis in den letzten Winkel der Arktis. Gerade hier setzten sich Fax-Geräte und Internet früher und nachhaltiger durch als etwa in Deutschland. Ende der 1990er-Jahre nutzten die Inuit das Internet gar von allen Ethnien der Welt am intensivsten: zum Shopping, Kontakte pflegen, Nachrichten empfangen und zur Unterhaltung. Die Inuit wollen teilhaben an der globalen Moderne und werden oft enttäuscht, da sie räumlich und finanziell unerreichbar bleibt. Dieser Frust, verbunden mit einem erleichterten Zugang zu Waffen aufgrund der Jagdtradition, hat zu hohen Selbstmordraten, vor allem unter Jugendlichen, geführt. Jugendzentren sollen vor Depression, Drogen und Gewalt schützen. Längst gibt es auch Inuit-Rockbands und Hip-Hop-Communitys.

134 DER MENSCH IM »EWIGEN« EIS

Links: Mit Walfängern, Pelzhändlern, Tuberkulose und Syphilis kamen ab dem 16. Jahrhundert auch die Missionare. Bis 1900 war die Inuit-Religion praktisch überall vom Protestantismus verdrängt. Hier verlassen Inuit die anglikanische Kirche von Iglooli, Nunavut, auf dem Schneescooter. Der Hundeschlitten ist nur noch auf Grönland ein alltägliches Verkehrsmittel. Da dort praktisch alle Wege im Winter über fragiles Meereis führen, sind die schweren Motorschlitten unpraktisch, gefährlich und nördlich des Polarkreises auch verboten.

DER MENSCH IM »EWIGEN« EIS 135

Oben: Eine Korjaken-Frau aus Ossora auf der Halbinsel Kamtschatka in traditioneller Kleidung aus Rentierfell.

Rechts: Hek, ein Schamane der Nenzen, mit seiner selbst gefertigten Rahmentrommel. Durch rhythmisches Trommeln versetzen sich Schamanen in Trance. Viele verstehen ihre heilige Trommel als Reittier, das sie in die Ober- und Unterwelten trägt.

136   DER MENSCH IM »EWIGEN« EIS

Die Nenzen – ein Volk in Sibirien

Rentiere bilden die traditionelle Lebensgrundlage der westsibirischen Nenzen, eine von etwa 20 Ethnien der russischen Arktis. In der Sowjetunion wurden sie gewaltsam sesshaft gemacht und kollektiviert. Sozialverbände wurden zerschlagen, ihre Religion verboten, traditionelle Führer und Schamanen systematisch als »Kulaken« verfolgt und nicht selten getötet. Andererseits garantierte der Staat den neu gegründeten Sowchosen die Abnahme von Fleisch und Pelz zu festen Preisen.

Im neuen Russland nahmen manche Nenzen-Familien als Privatunternehmer das Nomadenleben in traditionellen Stangenzelten wieder auf **(Bild unten)**. Ihre Kinder verbringen allerdings oft nur die Schulferien in der Tundra **(Bild oben)**. Das Nomadentum bedeutet tiefgreifende Veränderungen im Alltag. So wird Fleisch nicht nur gekocht, sondern auch roh gegessen, um Vitaminmangel zu verhindern **(Bild Mitte)**. Vor der aktuellen Situation von Preisverfall und vielerorts zusammenbrechender Infrastruktur aber erscheinen manchen die Zeiten der Staatswirtschaft im Nachhinein geradezu rosig.

Die schärfste Bedrohung der Völker Sibiriens geht momentan von der industriellen Ausbeutung der Bodenschätze aus. Oft korrupte Unternehmer eignen sich enorme Gewinne an, die Ureinwohner leiden unter Überfremdung und der Umweltzerstörung.

DIE INUIT – EIN VOLK IM UMBRUCH

Im Gegensatz zur Antarktis wird die Arktis seit Jahrtausenden von einer Vielzahl indigener Völker bewohnt. Am besten haben sich die Inuit an die uns lebensfeindlich erscheinenden Bedingungen angepasst. Ihr Lebensraum erstreckt sich über mehr als 5000 km — von der Tschuktschen-Halbinsel Sibiriens über die Küstenstreifen und Inseln Alaskas sowie Nordkanadas bis nach Grönland. Damit sind die Inuit heute Bürger Russlands, der USA, Kanadas oder Dänemarks. Die Zahl der Inuit nimmt zu: Die im Schnitt junge Gesamtbevölkerung beläuft sich momentan auf über 110 000 Personen, davon 50 000 in Kanada und 47 000 auf Grönland. Ihre traditionell jägerische Lebensweise ist etwa seit der Mitte des 20. Jahrhunderts einem radikalen und äußerst rasanten Kulturwandel unterworfen. In seiner Folge stehen die Inuit-Gemeinschaften vor enormen sozialen und wirtschaftlichen Herausforderungen.

Die europäischen Arktiker

Etwa 70 000 Samen besiedeln als indigenes Volk die nördlichen Teile Norwegens, Schwedens, Finnlands und die russische Kola-Halbinsel. Traditionell lebten die Bauern-Samen von der Landwirtschaft, die See-Samen von Fischfang und Jagd, die Rentier-Samen ab dem 16. Jahrhundert in großem Umfang als halbnomadische Hirten. Nach 1673 wurden sie von den skandinavischen Staaten brutal unterworfen und kolonisiert; ihre Sprache, Kultur, Religion und Selbstbestimmung wurden unterdrückt. Heute leben die Samen als anerkannte Minderheiten innerhalb der Nationalgesellschaften. Institutionen wie der gemeinsame Samische Rat, Fonds und Kulturzentren bemühen sich, die Rechte und Traditionen der Samen zu stärken. Etwa acht Prozent der Samen leben noch als Rentierzüchter. Immer wieder müssen sie Konflikte um Landnutzungsrechte durchstehen. Der Reaktorunfall von Tschernobyl im Jahr 1986 hatte für sie katastrophale Auswirkungen. Allein in Schweden wurden 73 000 Rentiere verstrahlt. Ganze Herden mussten getötet werden, das Fleisch konnte über Jahre nicht vermarktet werden. Staatliche Entschädigungen fielen weit geringer aus als zunächst zugesagt.

Simon Eliassens Gedanken werden sorgenvoll, wenn er übers offene Meer blickt. Jedes Jahr schmilzt das Eis früher. Während die gewaltigen Eisschollen in seiner Jugend erst im Juli verschwanden, rückt die Eiskante jetzt schon im März bedenklich nah ans Ufer heran. Plötzliche Risse tun sich auf, wo seine Großväter noch sichere Routen für ihre Hundeschlitten vorfanden. Noch kann Simon seine Familie mit Jagd und Fischfang ernähren, wie fast alle Männer hier in der 70-Seelen-Gemeinde Savissivik im Thule-Distrikt Nord-Grönlands. Von Jahr zu Jahr aber werden die Beutetiere seltener, die wichtige Eisjagd auf Robben immer gefährlicher. Was nützen da Genehmigungen, die den Inuit erlauben, weiterhin Robben, Eisbären und unter strenger Kontrolle sogar einzelne Wale bestimmter Arten zu fangen? Und was soll aus ihren Kindern werden? Müssen sie abwandern oder entwickeln sie neue wirtschaftliche Perspektiven?

Die verschiedenen Gemeinschaften der Inuit sind in unterschiedlichem Ausmaß vom Einbruch der Moderne betroffen.

Zusammenprall der Kulturen

Simon Eliassen lebt bewusst in der Tradition seiner Vorfahren. Von Sibirien aus haben die Inuit ab dem dritten Jahrtausend v. Chr. die amerikanische Arktis besiedelt. Ihre Lebensgrundlage war die Jagd auf Meeressäuger, Karibus, Eisbären, Vögel und Fische. Die Inuit entwickelten ein Arsenal hoch spezialisierter Kulturmerkmale, das dann den jeweiligen lokalen Bedingungen angepasst wurde. Zu diesen Leistungen gehören technische Innovationen wie das Kajak, das Gemeinschaftsboot Umiak, wärmende und wasserdicht vernähte Fellkleidung, Hundeschlitten, Harpune und Iglu. Ebenso wichtig für das Überleben aber waren Wissensbestände, soziokulturelle Verhaltensweisen und Werte. Die Inuit lebten in eng kooperierenden Lagergemeinschaften, die durch hohe Flexibilität und saisonalen Nomadismus geprägt waren. Gemeinschaftssinn und althergebrachte, friedliche Konfliktlösungsstrategien ermöglichten ein relativ freiheitliches und gleichberechtigtes Zusammenleben. Regeln des Teilens und eingeschränkte Eigentumsvorstellungen sorgten für sozialen Ausgleich und Absicherung des Einzelnen. Verdiente Menschen genossen hohes Ansehen, begründeten daraus aber weder politische Macht noch wirtschaftliche Privilegien.

In diese arktische Welt brach die moderne Welt sehr unvermittelt ein. Zwar waren die Inuit schon seit dem 16. Jahrhundert als Lieferanten von Pelz, Elfenbein und Kunsthandwerk in den Weltmarkt eingebunden, aber erst nach dem Zweiten Weltkrieg interessierten sich die Anrainerstaaten auch für das Land der Inuit. Bodenschätze wurden erschlossen und im Kalten Krieg avancierte die Arktis zum Aufmarschgebiet zwischen den Machtblöcken.

Wie Flutwellen überrollten in der Folge äußere Einflüsse die verstreuten Gemeinschaften der Inuit. Ihre Lebensbedingungen haben sich dadurch stark ausdifferenziert. Einzelne Lokalgruppen können mittlerweile vom Tourismus oder dem Abbau von Bodenschätzen profitieren und zumindest ihren materiellen Lebensstandard erhöhen. Andere Regionen sind geprägt durch Verlust des Jagdwildes, kulturelle Entwurzelung und Verelendung. Die industrielle Warenwelt schafft neue Bedürfnisse und Abhängigkeiten, aber es gibt kaum Möglichkeiten, Geld zu verdienen. Schwer trafen die Inuit in den 1970er-Jahren die im Namen des Tierschutzes verhängten Handelsverbote. Praktisch über Nacht kam der Verkauf von Robben- und Fuchsfellen sowie Elfenbein zum Erliegen und ließ Hunderte von Familien ohne Einkommen zurück. Unsicherheit und Existenzängste machten und machen sich breit, viele Familien sind auf staatliche Hilfsleistungen angewiesen.

Die meisten Inuit-Familien haben immer noch einen beschränkten Zugang zu traditionellen Lebensmitteln. Der Großteil ihrer Nahrung aber muss teuer importiert werden. Nur in extrem abgelegenen Orten wie Savissivik bildet die Jagd noch die Lebensgrundlage. Und auch hier hat das Gewehr längst die Harpune ersetzt. Es macht die Jagd einfacher, aber auch weniger nachhaltig. Nur etwa jede dritte geschossene Robbe kann Simon tatsächlich bergen.

Strategien der Selbstverwaltung

Wie praktisch alle Inuit lebt auch Simon Eliassens Familie in einem industriell vorgefertigten Holzhaus. Spätestens in den 1960er-Jahren endete überall in der Arktis das Nomadenleben. Die Inuit wurden in zentralen Siedlungen sesshaft gemacht. Hier unterliegen sie staatlicher Administration und der Schulpflicht. Beides nahm zunächst wenig Rücksicht auf die kulturellen Regeln und Werte der Inuit, stattdessen sollten westliche Ordnung und Verhaltensmuster durchgesetzt werden.

Das hat sich in den letzten Jahren mancherorts geändert. Ein Großteil der Inuit lebt heute in weitgehend selbst verwalteten Gebieten. Grönland erreichte 1979 seine innere Autonomie von Dänemark. Und 1999 wurde im zentralen Norden Kanadas das mehrheitlich

Ein Same in traditioneller Kleidung mit seinem Sohn. Das nördlichste Volk Europas lebt in Skandinavien und im westlichen Russland als anerkannte Minderheit.

DER MENSCH IM »EWIGEN« EIS **139**

von Inuit bevölkerte Territorium Nunavut ausgerufen. Diesen Schritt, mit dem Kanada seine Gebietsansprüche im Norden unterstrich, lässt sich die Zentralregierung einiges kosten: Erst zehn Prozent seines Haushaltes kann Nunavut selbst erwirtschaften. Daher kommt der ökonomischen Entwicklung eine hohe Priorität zu. Bodenschätze liefern den mit Abstand größten Beitrag zum Bruttoinlandsprodukt von Nunavut. Nach den Erfahrungen etwa bei der Erdölförderung im Norden Alaskas will die Regierung von Nunavut erreichen, dass auch die Einheimischen davon profitieren.

Gleichzeitig werden in den autonomen Regionen überlieferte Kultur und Werte gepflegt. Das traditionelle Rechtsempfinden soll berücksichtigt werden, hoheitliche Aufgaben in Polizei und Verwaltung werden – wenn möglich – von Inuit wahrgenommen. In manchen Schulen lehren Inuit-Älteste ihre Traditionen. Trotzdem bleibt Bildung ein großes Problem: Weiterführende Schulen vor Ort sind selten. Daher müssen die rar gesäten qualifizierten Jobs häufig mit Nicht-Inuit besetzt werden. Auf tradierte Gemeinschaftswerte greifen auch Genossenschaften zurück, die erfolgreich Versorgungsbetriebe, Supermärkte oder Hotels betreiben. Auch der Handel mit Kunsthandwerk ist oft kooperativ organisiert und wird vom Staat gefördert, seit Ende der 1950er-Jahre Inuit-Kunst vor allem in Form von Schnitzereien und Steinskulpturen einen internationalen Markt gefunden hat.

Ein weiterer geförderter Wachstumsmarkt ist der Tourismus. Im Süden Grönlands ist er bereits ein wichtiges Arbeitsfeld für die Inuit – sei es im Servicebereich, als kundige Führer bei Naturbeobachtungen oder Hundeschlitten-Touren oder im Bereich Kunsthandwerk. So können an der Kultur der Inuit interessierte Touristen durchaus zu deren Erhalt beitragen. Allerdings ist das Marktpotenzial des Arktis-Tourismus begrenzt. Und selbst der ausgesprochen expeditionsfreudige Aktiv- und Kreuzfahrttourismus im hohen Norden wird voraussichtlich in absehbarer Zeit nur bestimmte, landschaftlich attraktive Regionen erschließen. Für Simon Eliassens Kinder in Savissivik ergeben sich daraus vermutlich keine Arbeitsperspektiven.

Alkohol, Drogen und Depression greifen um sich
Simon ist daher froh über seinen Nebenjob als Polizist. Das ist eine verantwortungsvolle Tätigkeit, denn noch am Zahltag stürzen sich viele Inuit in den Alkohol. Die traditionelle Strategie einer Jäger-Gesellschaft, verfügbare Nahrung innerhalb kürzester Zeit zu konsumieren, führt auf den Alkohol übertragen zu fatalen Konsequenzen. Auch Drogen sind überall in der Arktis ein wachsendes Problem. Schlägereien und häusliche Gewalt sind nicht selten die Folge und drohen das traditionell enge Gemeinschafts- und Solidaritätsgeflecht zu zerreißen.

Allzu oft richtet sich die Gewalt auch gegen die eigene Person. Unter Kanadas Inuit ist die Selbstmordrate etwa sechsmal höher als unter der Restbevölkerung. Auf Grönland versucht gar jeder fünfte Jugendliche, sich zu töten – oft mit Erfolg, denn mit Waffen wissen die Inuit umzugehen. Auch in Savissivik wiederholt sich der traurige Prozess jeden Winter: Noch zu Jägern erzogene Kinder werden immer introvertierter, Einsamkeit und Verzweiflung über fehlende Zukunftsperspektiven machen sich breit. Schließlich werden sie tot aufgefunden.

Perspektiven im schmelzenden Eis
Die größeren Siedlungen Süd-Grönlands verzeichnen in den letzten Jahren eine sinkende Selbstmordrate. Vielleicht kommen die Menschen hier langsam zurecht mit dem Wandel, der sie innerhalb weniger Jahre aus einer gleichberechtigten, freiheitlichen Solidargemeinschaft in die konsumorientierte, kapitalistische Warenwelt mit ihren hierarchischen Verwaltungs- und Arbeitsstrukturen geschleudert hat. Hier im Süden gibt es Bildungschancen,

Rund um den nördlichen Polarkreis leben viele verschiedene **indigene Völker**. Die meisten von ihnen finden sich im nördlichen Sibirien. Yupik und Inupiat sind sprachliche Abwandlungen der bei den Eskimos gebräuchlichen Eigenbezeichnung »Inuit« (Mensch).

140 DER MENSCH IM »EWIGEN« EIS

Eine Inuit-Gemeinde an der Nordküste des kanadischen Baffinland: Satellitenschüsseln symbolisieren den Anschluss der Ureinwohner an den Rest der Welt.

die Inuit nicht einfach so im Strudel globaler Veränderungen verschwinden. Ihre traditionelle Kultur lehrt sie einen zähen Überlebenswillen, Flexibilität, Offenheit und Innovationsgeist, Humor und lebensfrohen Pragmatismus. Im Lauf ihrer langen Geschichte haben sie damit allen Widrigkeiten getrotzt und sahen sich immer wieder auch mit Klimawandel und äußeren Einflüssen konfrontiert. Die Archäologie der Arktis erzählt uns von permanenten Migrationsbewegungen und Kulturentwicklungen im Zuge natürlicher Klimaschwankungen. Allerdings waren die Klimaveränderungen zu Lebzeiten der Inuit noch nie so drastisch, die äußeren Einflüsse nie so mächtig wie heute.

eine bessere Gesundheitsversorgung, mehr Unterhaltung und Geschäfte. Und natürlich mehr Jobs, wenn auch zumeist in Fischfabriken.

Hier erwartet man vom Klimawandel auch neue Chancen. Schon gibt es erfolgreiche Versuche, im Süden Grönlands Schafe zu züchten und in Gewächshäusern Kartoffeln und Gemüse anzubauen. Die Fischerei meldet jährlich steigende Fangmengen. Von der Öffnung neuer Schifffahrtsrouten und dem projektierten Abbau von Bodenschätzen im Nordpolarmeer erhofft man sich auch an anderen Orten der Arktis neue Arbeitsmöglichkeiten. Demgegenüber stehen existenzielle Bedrohungen der Umwelt durch zunehmenden Verkehr, marode Erdölleitungen oder Tankerhavarien.

Schon heute führt die Belastung durch Industriegifte wie Pestizide und Schwermetalle zum sogenannten arktischen Dilemma: Die Schadstoffe reichern sich über die relativ lange Nahrungskette an. An deren Ende stehen Menschen und letztlich die Inuit-Säuglinge. Die Muttermilch vieler Inuit-Frauen ist so stark belastet, dass sie andernorts in Einzelfällen als Sondermüll behandelt werden müsste. Dennoch zögern die Verantwortlichen vor Ort, umfassende Gegenmaßnahmen zu ergreifen, da die damit verbundenen sozialen und gesellschaftlichen Einschnitte als noch schwerwiegender eingeschätzt werden. Nunavut und Grönland engagieren sich vielmehr stark für Umweltschutz und Klimakontrolle. Auf internationalem Parkett koordiniert die bereits 1977 gegründete Inuit Circumpolar Conference (ICC) solche und andere politische Forderungen.

Das Schicksal der Inuit entscheidet sich im Spannungsfeld mächtiger politischer und wirtschaftlicher Interessen. Der Respekt der restlichen Welt vor ihren Rechten und die Anpassungsfähigkeit der Ureinwohner wird dabei eine gewichtige Rolle spielen. Sicher werden

---

Der erste Antarktiker

Das antarktische Festland hat weder Ureinwohner noch Gemeinden mit permanenten Bewohnern. Dennoch leben während des antarktischen Sommers auf diesem Kontinent etwa 4000, im Winter 1000 Menschen, und zwar in den rund 80 Forschungsstationen. Allein die US-amerikanische Forschungsstation McMurdo, logistische Basis für zahlreiche Aktivitäten, zählt im Sommer etwa 1050, im Winter 250 Bewohner.

Berühmtheit erlangte mit seiner Geburt am 7. Januar 1978 der Argentinier Emilio Marcos Palma. Er wurde auf dem Militärstützpunkt Sargento Cabral geboren und kann von sich behaupten, das einzige Kind zu sein, das in der Antarktis zur Welt kam. Anderen Quellen zufolge wurde am 8. Oktober 1913 auf der Insel Südgeorgien die Norwegerin Solveig Gunbjörg Jacobsen geboren. Dehnt man den geografischen Begriff Antarktis auf die Insel aus, wäre also sie die erste Antarktikerin.

Schamanen im arktischen Kosmos

Die Inuit und alle anderen Völker der Arktis verstehen den Kosmos und jedes seiner Elemente nicht als tote Materie, sondern als belebt durch eine Kraft, eine Seele oder einen Geist. Tabus und Lebensregeln sollten in ihrem Verständnis den respektvollen Umgang zum Wohl aller Wesenheiten im Kosmos sichern.

Schamanen waren die wichtigsten Spezialisten im Umgang mit diesen Wesen. Sie traten über persönliche Gebete, Rituale, Träume oder Visionen in direkten Kontakt mit ihnen, etwa um Kranke zu heilen, Informationen zu übermitteln oder das (durch Fehlverhalten) gestörte kosmische Gleichgewicht wieder zu harmonisieren. Die spektakulärste Kommunikation geschah in Form einer tiefen Trance, die über Trommelschläge, Tanz oder Meditationsübungen induziert wurde. Ihre Erlebnisse während dieser Seelenreise in die Ober- und Unterwelten des Kosmos stellten Schamanen in dramatischen öffentlichen Inszenierungen mittels Tanz, Gesängen, Kunstwerken und magischen Vorführungen dar. Schamanen wurden von den Geistern oft gegen ihren Willen zu ihrem verantwortungsvollen und beanspruchenden Amt berufen. Sie genossen zwar hohes Ansehen, üblicherweise aber keine Privilegien. In neuerer Zeit treten vor allem in Sibirien selbst ernannte Neo-Schamanen auf, die ihre esoterischen und heilerischen Dienste gegen Geld auch Touristen anbieten.

PIONIERE UND ENTDECKER – DER WEG ZU DEN POLEN

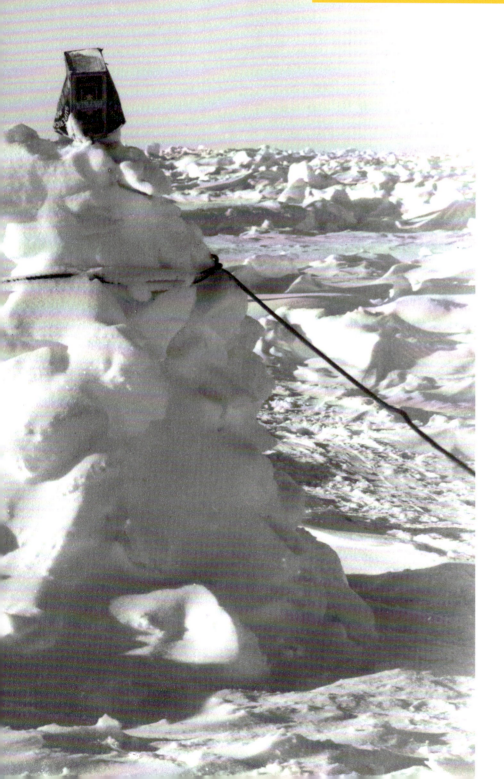

Das »heroische Zeitalter« der Polarforschung Anfang des 20. Jahrhunderts stand unter dem Vorzeichen dramatischer Auseinandersetzungen mit den Naturgewalten. Der Brite Sir Ernest Henry Shackleton war 1914 mit der »Endurance« aufgebrochen, um durch das Weddellmeer südlich von Feuerland ins Rossmeer von Neuseeland zu gelangen. Eine Woche nach Ausbruch des Ersten Weltkriegs stach Shackleton mit einer 27-köpfigen Mannschaft von Großbritannien aus in Richtung Antarktis in See. Fast zwei Jahre lang blieb er verschollen.

Shackleton fand heraus, dass sich das Packeis des Weddellmeers weiter nach Norden ausdehnte als angenommen. Dennoch wagten sich die Forscher in das immer dichter werdende Packeis vor. Eine Tagesreise vor der Küste des antarktischen Kontinents fielen die Temperaturen dramatisch ab. Die »Endurance« saß fest. Zehn Monate lang saß das Schiff in der Falle. Als der Druck des Eises zunahm und das Schiff zu zermalmen drohte, war die Besatzung gezwungen, auf dem Eis zu kampieren. Um den Weg zum Schiff auch in der Nacht und bei Schneesturm zu finden, ließ Shackleton Schneehügel aufschütten, die er mit Seilen verband.

Nach fünf weiteren Monaten zeigte sich offenes Meer. In Rettungsbooten brachten sich die Männer auf einer kleinen Felseninsel in Sicherheit. Ohne Nahrung und Frischwasser waren die Überlebenden jedoch dem Tod geweiht. Shackleton, der Hilfe holen wollte, erreichte nach 70 Tagen und 800 Seemeilen im Rettungsboot eine bemannte Walfängerstation. Mit einer Rettungsmannschaft kehrte er zurück. Alle Teilnehmer der »Endurance«-Expedition konnten gerettet werden.

Lebensziel Nordpol

Der erste Mensch am Nordpol war ein US-Amerikaner. Robert E. Peary gelangte als vermutlich Erster in unmittelbare Nähe des Pols. Zuvor hatte der Forscher im grönländischen Eis viele Jahre lang Erfahrungen für seine spätere Pioniertat gesammelt. Zu den spektakulären Expeditionen Pearys zählten die Umrundung Grönlands und die Entdeckung der grönländischen Insellage (**großes Bild:** Entladen von Expeditionsmaterial im Frühjahr 1901). Im Jahr 1908 begann der Forscher die Reise zum Pol. Dank guter Wetterlage legte das Team 40 km am Tag zurück. Am 6. April 1909 erreichten Peary, sein Diener Matthew Henson und vier Inuit schließlich den Pol.

Die Pioniertat gilt als umstritten. Heimgekehrt musste Peary erfahren, dass in der Zwischenzeit sein Landsmann Frederick A. Cook behauptete, den Nordpol 1908 von Island aus erreicht zu haben. Auch sollen Pearys Messungen ungenau gewesen sein und die Expedition daher den Pol gar nicht erreicht haben. 1989 veranlasste die National Geographic Society, ein Hauptsponsor der Peary-Expeditionen, moderne Vermessungen des Nordpols mittels Luftaufnahmen und kam zu dem Schluss, dass Peary bis auf acht Kilometer an den Nordpol herangekommen war. Bis heute bleiben jedoch Zweifel: Während die Royal Geographical Society in London Peary bereits 1910 ihre Goldmedaille für seine Leistungen verlieh, hat die American Geographical Society in New York die Leistung Pearys niemals anerkannt.

Oben: Gezeichnet vom Leben in der Kälte kehrte Robert E. Peary 1909 von der Expedition zum Nordpol in die USA zurück. Er machte sich als erster Polarforscher die Überlebenstechniken der arktischen Völker zu eigen, trug Pelzbekleidung und nutzte Hundeschlitten.

Rechts oben: Nach langen Strapazen endlich am Ziel – am Nordpol winken Peary und seine Mannschaft glücklich in die Kamera.

Rechts unten: Peary glaubte, der einfachste Weg zum geografischen Nordpol führe über Grönland. Auf vergangenen Expeditionen hatte er sich bereits mit der grönländischen Nordküste vertraut gemacht.

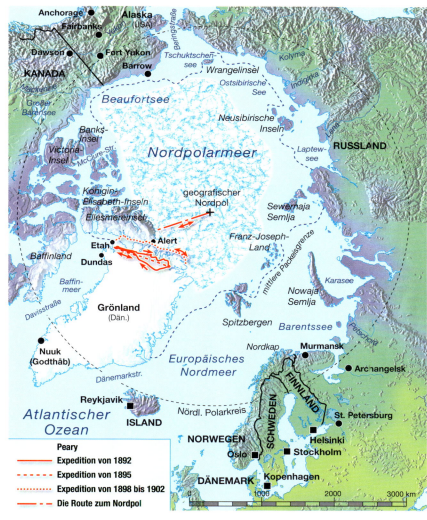

DER MENSCH IM »EWIGEN« EIS 145

Mörderischer Wettlauf

Drama am südlichsten Ort der Erde **(großes Bild)**: Fassungslos steht der britische Polarforscher Robert F. Scott vor dem verlassenen Zelt seines Konkurrenten, des Norwegers Roald Amundsen **(Bild rechts)**. Beide Männer lieferten sich 1911 einen Wettlauf zum Südpol, den Amundsen für sich entschied. Der Norweger wählte die direktere und kürzere, aber unbekannte Route zum Pol, während der Brite die 150 km längere, bekannte Strecke nahm, dafür jedoch mit Motorschlitten ausgestattet war. Amundsen erreichte das Ziel vier Wochen früher. Als Scott endlich eintraf, fand er Amundsens Lager vor.

Ursprünglich wollte Roald Amundsen der erste Mensch am Nordpol sein. Als er 1909 jedoch erfuhr, dass ihm der US-Amerikaner Robert E. Peary zuvorgekommen war, änderte er seine Pläne und nahm den bis dahin noch unentdeckten Südpol ins Visier.

Die Leidenschaft für die Polargebiete und seine Hilfsbereitschaft wurden dem Norweger zum Verhängnis: 1928 stürzte Amundsen mit dem Flugzeug ab, als er dem mit einem Luftschiff in der Arktis havarierten Umberto Nobile zu Hilfe eilen wollte.

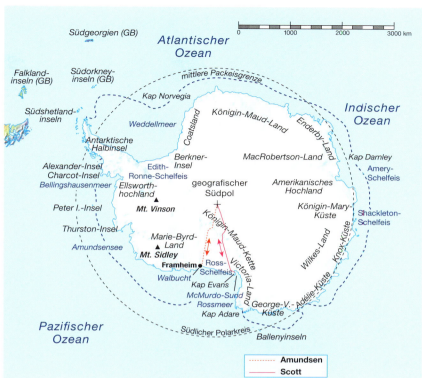

Oben: Erschöpft, aber glücklich präsentiert sich Amundsens Teamkollege Oscar Wisting unter der norwegischen Flagge am Südpol (koloriertes Foto).

Oben rechts: Zweispurig zum Südpol: Die Routen von Scott und Amundsen unterscheiden sich nur geringfügig voneinander.

Rechts: Todesfalle im ewigen Eis: Scott fotografierte seine Männer im antarktischen Winterquartier. Auf der Rückreise vom Südpol wurde die Mannschaft von heftigen Schneestürmen überrascht. Keiner der Männer kehrte lebend zurück.

DER MENSCH IM »EWIGEN« EIS 147

VON MACHT UND MILITÄR – AUFRÜSTUNG RUND UM DEN NORDPOL

Die Arktis hat für das Militär eine überragende strategische Bedeutung. Seit dem Zweiten Weltkrieg ist die Nordpolarregion Brückenkopf für Militäroperationen, Verteidigungslinie und Testgebiet für Waffen. Der Kalte Krieg zwischen Ost und West hatte auch in der eisigen Arktis zahlreiche Schauplätze. Hier wurden Atomwaffen getestet und Radaranlagen errichtet. Befürchtet wurde, dass der Feind über den Nordpol angreifen könnte. Viel hat sich daran nach dem Ende des Kalten Krieges nicht geändert, auch in den gegenwärtigen Verteidigungskonzepten spielt die Arktis eine wichtige Rolle. Und die Menschen in der dünn besiedelten Region spüren noch heute die Langzeitfolgen der militärischen Aufrüstung in den 1950er-Jahren und des allzu sorglosen Umgangs mit ihrer Umwelt.

Die »Arctic Sunrise«, ein Schiff der Umweltorganisation Greenpeace, vor der Küste Nordgrönlands nahe des Ortes Qaanaaq. Die Organisation protestiert gegen Pläne, das grönländische Thule zu einem Standort des US-Raketenabwehrschildes zu machen.

Die Wiege von »Greenpeace«

Im September 1971 verlässt der Fischkutter »Phyllis Cormack« den Hafen von Vancouver. An Bord sind Mitstreiter der Umweltorganisation »Don't Make a Wave«, die gegen US-Atomwaffenversuche protestieren wollen. Ziel der Reise ist die Aleuten-Insel Amchitka, die die US Atomic Energy Commission als Testplatz für unterirdische Kernwaffenversuche ausgewählt hat. Umweltschützer befürchten, dass die Explosionen Erd- und Seebeben sowie Tsunamis auslösen könnten; daher der Name des nordamerikanischen Komitees.

Für November 1971 steht der nächste Test an, der trotz des Protests der »Phyllis Cormack« stattfindet. Aber die Aktion verschafft dem US-Programm negative Schlagzeilen. Ein geplanter zweiter Test wird daraufhin abgesagt. Auf Amchitka werden danach keine Atomwaffenversuche mehr durchgeführt. Die Expedition der kanadischen Umweltschützer trägt den Namen »Greenpeace I«. Ein Jahr später wird aus »Don't Make a Wave« die Greenpeace Foundation.

»Sanirajak« nennen die Inuit ihre Gemeinde auf der Melvillehalbinsel in Kanadas Arktis. »Entlang der Küste« heißt dies in ihrer Sprache Inuktitut. Meist ist die 700 Einwohner zählende Gemeinde in Landkarten aber als »Hall Beach« eingezeichnet. Die Küste am Foxe-Becken nördlich der Hudson Bay ist steinig. Hinter Hall Beach erstreckt sich die Tundra mit Tümpeln und Seen.

In den 1950er-Jahren lebten hier Inuit-Familien ihren traditionellen Lebensstil in Camps entlang der Küste, jagten Karibus und Walrosse, sammelten Kräuter und Beeren. Washington und Moskau waren weit weg. Aber dann wurden in Washington und Ottawa Entscheidungen getroffen, die das Leben der Inuit veränderten: Am 15. Februar 1954 beschlossen die Regierungen der USA und Kanadas, im hohen Norden eine dritte Linie von Radarstationen zu bauen, die Nordamerika vor Angriffen der Sowjetunion warnen soll. Es war die »Distant Early Warning Line«, die »DEW Line«. Entlang eines 5000 km langen Bandes durch die Arktis, von Alaska über Baffinland bis nach Grönland, wurden 63 Radarstationen errichtet. Eine davon wurde im heutigen Hall Beach gebaut. Mit Schiffen und Flugzeugen wurden Tonnen von Baumaterial gebracht. Riesige Radarschirme wurden aufgestellt. Die Inuit ließen sich in der Nähe der neuen Radarstation nieder. Hall Beach entstand.

Kanadas Arktis wird zur Front im Kalten Krieg der Supermächte

Mit den ersten sowjetischen Atomwaffentests und der Entwicklung von Langstreckenbombern sowie Interkontinentalraketen, die Zentren in Nordamerika der Gefahr von Nuklearangriffen aussetzten, avancierte Kanadas Arktis von einem Hinterhof zu einem Frontschauplatz der Verteidigung im Kalten Krieg. Die kürzesten Angriffswege in die USA bildeten die Flugrouten von Russland aus über die Arktis. Geplant, gebaut und auch weitgehend finanziert wurde das Projekt DEW Line daher unter Federführung der USA.

Diese durchgehende Frühwarnlinie war ein gewaltiges Vorhaben. Während der Bauphase beschäftigte das gigantische Projekt 25 000 Menschen. Von den insgesamt 63 Stationen wurden 42 in Kanada gebaut. Im Jahr 1957 nahm die DEW Line schließlich ihren Betrieb auf. Bereits in den 1960er-Jahren wurden in Kanada jedoch 21 Stationen stillgelegt, die restlichen 1993. Zu diesem Zeitpunkt hatte bereits eine neue, technisch anspruchsvollere Verteidigungslinie, das »North Warning System«, die alte DEW Line ersetzt. Einige DEW-Standorte beherbergen heute die modernen Radaranlagen, darunter auch Hall Beach. Ihre Aufgabe ist wie die der DEW Line, den Luftraum zu überwachen und Eindringlinge zu entdecken, die über die Polarregion angreifen könnten. 52 Radarstationen unterschiedlicher Reichweite bilden den fast 5000 km langen Absperrgürtel.

Öl und giftige Chemikalien im Boden

Der Umgang des Militärs mit der Natur entsprach über all die Jahre nicht den Standards, die man heute anlegt. Der Boden rund um die Stationen ist ölverseucht, belastet mit krebsauslösenden chemischen Verbindungen, Batterien, Frostschutzmitteln, elektronischem Müll, Lösungsmitteln und Farben. Die Inuit und ihre Organisationen kämpften jahrelang darum, dass die Regierungen das verseuchte Land sanieren. Ende der 1990er-Jahre wurden Abkommen zwischen den regionalen Organisationen der Inuit Kanadas und der Regierung in Ottawa geschlossen: Auf etwa 600 Millionen US-Dollar werden die Sanierungskosten geschätzt. Die USA willigten nach zähen Verhandlungen ein, 100 Millionen US-Dollar zu übernehmen.

Kampfbereitschaft im hohen Norden: Ein US-Militärflugzeug wird auf dem Stützpunkt Thule in Nordwestgrönland für den Start vorbereitet.

Die Geschichte der DEW Line ist exemplarisch für die militärische Bedeutung der Arktis in Vergangenheit und Gegenwart. Aber sie ist lediglich ein Beispiel für die Militarisierung der Nordpolregion. Zum Schutz vor Nazi-Deutschland, das Dänemark besetzt hatte, bauten die USA z.B. schon 1941 Militäranlagen in Thule in Nordgrönland, um zu verhindern, dass die Insel dem Kriegsgegner als Basis für Angriffe auf Nordamerika dienen könnte.

Von Ultima Thule zur Raketenabwehr

»Ultima Thule« steht für den äußersten Norden. Thule ist das Synonym für das Unentdeckte, für die Herausforderung, Grenzen zu erreichen und zu überschreiten.

DER MENSCH IM »EWIGEN« EIS 149

In der Nähe von Kaktovik (Alaska) befindet sich eine Radarstation der früheren »Distant Early Warning«-Linie. Die Stationen sollten den USA anzeigen, wenn sowjetische Kampfflugzeuge oder Raketen Nordamerika angriffen.

Für den griechischen Entdecker Pytheas stellte Thule den Nordrand der Welt dar, den er im Jahr 325 v. Chr. bei seiner Reise an die Nordspitze der Britischen Inseln glaubte erreicht zu haben. Thule ist über Jahrhunderte ein von Rätseln und Mythen umranktes Archipel im Nordmeer. Thule ist aber auch der Name einer Inuit-Kultur, die von etwa 500 bis 1600 in der Arktis existierte.

Heute ist die Thule Air Base ein Luftwaffenstützpunkt der US-Amerikaner im Nordwesten Grönlands. In den 1940er-Jahren heißt die Siedlung noch Dundas. Nicht weit entfernt liegt Pituffik, eine Siedlung der grönländischen Inuit. Im Sommer 1951 und 1952 wird die Air Base unter dem klangvollen Namen »Operation Blue Jay« (Operation Blauhäher) gebaut. Die Inuit werden nach Norden in die heutige Gemeinde Qaanaaq zwangsumgesiedelt. 1999 erstreiten die letzten 53 Überlebenden der Umsiedlung, die als »Hingitaq 53« bekannt werden, vor dänischen Gerichten eine bescheidene Entschädigung.

Seit Beginn der 1960er-Jahre ist in Thule die 12th Space Warning Squadron stationiert, die ein Frühwarnsystem gegen ballistische Atomraketen (»Ballistic Early Warning«) betreibt. Es ist Teil des nordamerikanischen Luftverteidigungsbündnisses NORAD (North American Aerospace Defense Command). Die Daten werden an die NORAD-Zentrale im Cheyenne Mountain Complex im US-Bundesstaat Colorado übermittelt.

Mit der Entscheidung des US-Präsidenten George W. Bush im Dezember 2002, einen neuen Raketenabwehrschirm, das National Missile Defense-System (NMD), zu errichten, erhielt Thule neue Bedeutung. Thule wurde Teil des neuen Radar- und Kommunikationssystems gegen ballistische Raketen. Die Radaranlagen sollen feindliche Raketen erkennen, die dann von einer Abfangrakete, einem Interceptor, zerstört werden sollen.

Die Inuit Circumpolar Conference (ICC), der Dachverband der Inuitvölker Alaskas, Kanadas, Grönlands und Sibiriens, äußerte bereits im Sommer 2000 Bedenken gegen NMD und forderte, zumindest in den Entscheidungsprozess eingebunden zu werden. Verhandlungen zwischen den USA, Dänemark und den Inuit Grönlands führten 2004 zu einer Vereinbarung, die grünes Licht für den Umbau von Thule als Teil des National Missile Defense Systems gab. Die Anlagen von Thule dürfen für die Raketenabwehr genutzt werden.

Säbelrasseln in der Arktis

In einer knappen Meldung teilte das russische Verteidigungsministerium am 14. Juli 2008 mit, dass die russische Marine die Präsenz von Kriegsschiffen in der Arktis, einschließlich des Seegebiets um Spitzbergen, wieder aufgenommen habe. Das für den Einsatz gegen U-Boote ausgerüstete Kriegsschiff »Seweromorsk« habe das Gebiet bereits erreicht und in wenigen Tagen werde die »Marschall Ustinov« folgen. Bereits eine Woche später berichtete das Verteidigungsministerium, die »Marschall Ustinov« habe Patrouillen begonnen, um Russlands Fischereiindustrie in der Arktis zu sichern.

Hintergrund des Säbelrasselns ist der Streit um Hoheitsrechte in der Arktis und die durch den Klimawandel möglich werdende wirtschaftliche Nutzung des rohstoffreichen Meeresbodens. Die Arktis hatte und hat für die Sowjetunion und heute für Russland schon lange eine strategische Bedeutung. Schon vor der Oktoberrevolution 1917 war die Polarmeerflotte geschaffen worden. 1920 gründete die sowjetische Armeeführung die Weißmeerflotte mit Archangelsk als Standort, 1937 wurde die Einheit schließlich in Nordflotte umbenannt. Im Kalten Krieg baute die Sowjetunion den Stützpunkt Murmansk aus. Im Nordmeer ist nun der Großteil ihrer Marine stationiert, da von hier der Zugang zu den großen Ozeanen möglich ist. Seweromorsk und Murmansk, am Arktischen Ozean nicht weit von der norwegischen und finnischen Grenze entfernt, sind die Hauptbasen der Nordflotte mit ihren konventionell und atomar betriebenen Kriegsschiffen und U-Booten. Die Halbinsel Kola am Weißen Meer wird ebenfalls stark

Bedenklicher Zwischenfall

Am 21. Januar 1968 zerschellt in einer vereisten Bucht bei Thule ein strategischer Bomber der US-Luftwaffe. Der B-52G-Bomber hat vier Wasserstoffbomben an Bord und befindet sich auf einem Aufklärungsflug über der Baffin Bay. Beim Aufprall der Maschine auf dem Eis explodieren die Tanks mit 132 500 Litern Treibstoff. Wie das US-amerikanische Brookings Institute in Washington in einer Projektstudie über das Atomunglück darlegt, werden bei der Explosion Teile des radioaktiven Materials der Bomben einschließlich Plutonium-, Uran- und Tritium-Komponenten freigesetzt. In der Hitze schmilzt das Eis, Trümmer versinken im Meer. Die Kosten der Aufräumarbeiten werden auf 9,4 Millionen US-Dollar geschätzt. Mehr als 10 000 Tonnen Schnee, Eis und Flugzeugtrümmer, die radioaktiv verseucht sind, werden zur Entsorgung in die USA gebracht. Bis heute ist die Debatte nicht verstummt, ob alle radioaktiven Trümmer einschließlich aller Bombenteile geborgen wurden.

Durch den Klimawandel hat die strategische Bedeutung der Arktis zugenommen. Der erleichterte Zugang zu Ressourcen verschärft den Streit um Hoheitsrechte.

militärisch genutzt, mit weiteren Basen für Atom-U-Boote, aber auch als Lagerstätte für abgebrannte Kernbrennstäbe aus U-Booten. Die teilweise »wilde« Lagerung radioaktiver Abfälle, abgebrannter Kernbrennstäbe und nicht mehr genutzter Reaktoren wird im Westen mit großer Sorge beobachtet.

Atomtests auf Nowaja Semlja

Die Insel Nowaja Semlja zwischen der Barents- und der Karasee ist Russlands einziges Atomtestgelände. Zu Sowjetzeiten wurden zudem in Semipalatinsk in Kasachstan Nukleartests vorgenommen. Nowaja Semlja besteht aus zwei Inseln, die sich über 900 km von Norden nach Süden erstrecken. In den 1950er-Jahren beschloss die Sowjetregierung, Nowaja Semlja zu einem Atomtestzentrum zu machen. Die meisten der rund 100 Familien, die auf der Insel lebten – überwiegend Ureinwohner vom Volk der Nenzen, die sich in den 1920er-Jahren angesiedelt hatten –, wurden von den Behörden auf das Festland umgesiedelt. 1954 wurde das Atomtestgelände eingerichtet.

Bis 1990 wurden auf Nowaja Semlja 130 Tests vorgenommen. Das geht aus einem 2004 von der Internationalen Atomenergieorganisation (IAEO) veröffentlichten Bericht hervor. Davon fanden 88 in der Atmosphäre statt, drei unter Wasser und 39 unterirdisch. Der letzte Test in der Atmosphäre wurde 1962 durchgeführt, der letzte unterirdische am 24. Oktober 1990. Es gibt allerdings Quellen, wonach Russland nach 1990 noch Tests durchgeführt haben soll, die in ihrer Sprengkraft aber unter der vom Teststoppvertrag genannten Stärke gelegen haben sollen.

Durch die Atomtests und den dort lagernden Atommüll ist ein beträchtlicher Teil des Testgebiets stark radioaktiv belastet. Im Juli 2006 bekräftigte der russische Verteidigungsminister Sergej Ivanov nach Angaben der in Göttingen ansässigen Gesellschaft für bedrohte Völker (GfbV), das Testgelände sei noch immer arbeitsfähig und Tests könnten jederzeit wieder aufgenommen werden. Frühere Soldaten berichten über eine Häufung von Krebserkrankungen. Nach Informationen der GfbV leben dort noch rund 100 Nenzen. Die Menschenrechtsorganisation fragt sich, wie stark diese Menschen, die von Fischfang und Jagd leben, wohl radioaktiv belastet sind. Statistiken hierzu sind bislang nicht bekannt.

Im November 2003 weist der Oberste Gerichtshof in Kopenhagen eine Klage der aus Thule vertriebenen Inuit (»Hingitaq 53«) auf weitere Entschädigungen, die über den Entscheid des Jahres 1999 hinausgehen, ab: Der Sprecher der »Hingitaq 53«, Ussaaqqak Qujaukisoq, verlässt in traditioneller Inuit-Kleidung das Gerichtsgebäude.

Antarktis ist entmilitarisiert

Gemessen an der militärischen Nutzung ist die Antarktis im eigentlichen Sinn des Wortes eine »Gegen-Arktis«: Der Antarktis-Vertrag von 1959 legt in seinem Artikel I fest, dass die Antarktis nur für friedliche Zwecke genutzt werden darf. »Es werden unter anderem alle Maßnahmen militärischer Art wie die Einrichtung militärischer Stützpunkte und Befestigungen, die Durchführung militärischer Manöver sowie die Erprobung von Waffen jeder Art verboten«, heißt es weiter. Und Artikel V bestimmt: »Kernexplosionen und die Beseitigung radioaktiven Abfalls sind in der Antarktis verboten.« Der Vertrag hat eine Laufzeit bis 2041.

Fort Greely – Kältelabor der US-Luftwaffe

Fort Greely, etwa 160 km südöstlich von Fairbanks in Alaska gelegen, ist seit 1942 eine US-Luftwaffenbasis. Seit den 1950er-Jahren werden in Fort Greely Soldaten für den Einsatz in arktischen Temperaturen trainiert: Fort Greely fungiert als »Cold Regions Test Center«. In der nahe gelegenen Gerstle River Military Reservation werden biologische und chemische Waffen getestet. Ureinwohner und Umweltschützer beklagen, dass den in der Gegend lagernden und verstreuten Giftstoffen nicht genügend Aufmerksamkeit geschenkt wird. So werden z.B. in der Wildnis achtlos weggeworfene Kanister mit Senfgas gefunden. Heute spielt Fort Greely als Kontroll- und Kommunikationszentrum der insgesamt acht Militärstützpunkte in Alaska eine wichtige Rolle im National Missile Defense-System. Fort Greely wird zur Basis für die Abfangraketen ausgebaut. Mehrere Interceptor-Raketen sind dort bereits stationiert. Bis 2013 sollen insgesamt 44 Raketen bereitstehen.

DER MENSCH IM »EWIGEN« EIS 151

NEUEN ERKENNTNISSEN AUF DER SPUR – FORSCHUNG IM EIS

Nachdem Polarfahrten ursprünglich vor allem wirtschaftlichen und territorialen Belangen dienten, begannen die Kapitäne jener frühen Schiffsfahrten schon bald nebenbei mit der systematischen Beobachtung der polaren Gewässer. Es sollten jedoch einige Jahrhunderte vergehen, bis die ersten Expeditionen aufbrachen, deren Zweck zu einem erheblichen Teil das Erforschen der vereisten Welten an Nord- und Südpol sein sollte. Eine der ertragreichsten Expeditionen war die Drift der »Fram«, bei der sich der Norweger Fritjof Nansen im Jahr 1893 mit seinem Segelschiff vom Meereis einschließen ließ und drei Jahre lang mit dem Eis über den Arktischen Ozean trieb.

Auf diesen frühen Expeditionen wurden zahlreiche Messmethoden entwickelt, die auch heute noch bei der Erforschung der Polargebiete zur Anwendung kommen. So ist zur Untersuchung von Meereis nach wie vor die Entnahme von Eiskernen unumgänglich, die anschließend in Scheiben geschnitten und im Labor z.B. auf Kristallstruktur und Salzgehalt untersucht werden. Nur das Fortbewegungsmittel hat sich merklich verändert: Mit modernen Forschungseisbrechern ist ein freies Bewegen auch in mehrere Meter dickem Meereis möglich. Über ein solches Schiff, die »Polarstern«, verfügen die Wissenschaftler des Alfred-Wegener-Instituts für Meeres- und Polarforschung, wenn sie wie hier im Eis vor dem norwegischen Spitzbergen Bohrkerne entnehmen.

Während die Forschungsarbeiten sich auf solchen Schiffsexpeditionen normalerweise nur über relativ kurze Zeiträume erstrecken können, bieten permanent installierte Forschungsstationen die Möglichkeit, auch unter rauesten Bedingungen monate- und jahrelange Messungen durchzuführen.

DER MENSCH IM »EWIGEN« EIS   153

Rätselhafte Polarmeere

Kaum ein Forschungsgegenstand entzieht sich so sehr der Beobachtung wie die polaren Meere. Dies gilt insbesondere für jene Meeresregionen, die zu weiten Teilen des Jahres von Eis bedeckt sind. Auch heute noch sind viele Details der arktischen Strömungsverhältnisse genauso unbekannt wie das Zusammenspiel des komplexen Ökosystems, das unter diesen scheinbar so lebensfeindlichen Bedingungen existiert.

Trotz der Entwicklung moderner Tauchroboter ist der Einsatz von Tauchern zur Erforschung dieses Lebensraums unumgänglich. Unter dem Meereis bietet sich den Wissenschaftlern eine unwirkliche Landschaft. Im Gegensatz zur Oberfläche dominiert gedämpftes blaues Licht die Szenerie und mächtige Ausläufer abgebrochenen Schelfeises ragen ins Wasser **(großes Bild)**. Gerade unter dem Treibeis ist ein Taucheinsatz nicht ungefährlich: Antarktisches Meereis bewegt sich teilweise mit einer Geschwindigkeit von einem Meter pro Sekunde, so dass das Einstiegsloch schnell aus den Augen verloren werden kann.

Ganz oben: Während einer Expedition im antarktischen Weddellmeer wird ein ferngesteuertes Unterwasserfahrzeug an Bord des Forschungsschiffs »Polarstern« des Alfred-Wegener-Instituts gehievt. Moderne Tauchroboter können sich sogar autonom unter Wasser bewegen und gelten als eine der wichtigsten Innovationen im Bereich der Meeresforschung.

Oben: Mit einem Netz werden unter dem Meereis Planktonproben entnommen. Die Analyse des Fangs liefert wichtige Aufschlüsse über die Nahrungskette in polaren Gewässern.

154 DER MENSCH IM »EWIGEN« EIS

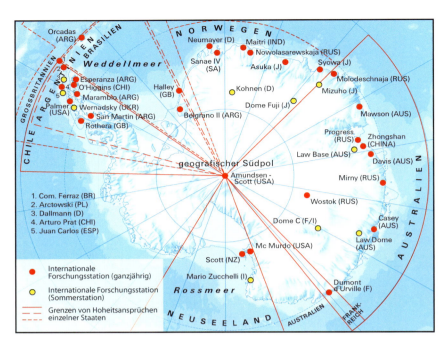

Oben: Die Antarktis ist heute ein Tummelplatz für Forscher aus aller Welt. Mehr als 60 **Forschungsstationen** befinden sich auf dem Festland des sechsten Kontinents bzw. auf den antarktischen Inseln. Die Karte gibt eine Übersicht über einige der wichtigsten Stationen, die ganzjährig oder nur im Sommer besetzt sind.

156 DER MENSCH IM »EWIGEN« EIS

Oben: Das Infraschallobservatorium der deutschen Neumayer-Station in der Antarktis ist Teil eines internationalen Netzwerks, das die Einhaltung des Atomwaffensperrvertrags kontrolliert.

Links: Eine britische Klimaforscherin im Eiskeller der Neumayer-Station. Er wurde als Kriechgang unter der Station eingerichtet und ermöglicht die geschützte und direkte Erforschung jüngerer Eisschichten.

Technische Meisterleistung

Eine Polarstation zu planen und zu bauen, die ganzjährig von Forschern benutzt werden kann, stellt eine logistische und technische Meisterleistung ersten Ranges dar. Die Station muss sich eigenständig mit Energie versorgen können, wozu normalerweise eine Reihe von Dieselgeneratoren benutzt wird. Darüber hinaus sichern in jüngster Zeit verstärkt auch Windkraftanlagen und Solarzellen den Energiebedarf, z.B. bei der Station Neumayer II des Alfred-Wegener-Instituts für Polarforschung in Bremerhaven. Die Besatzung der Station muss diese technischen Einrichtungen regelmäßig kontrollieren **(Bild ganz links)**.

Eine weitere Herausforderung besteht darin, dass gerade in der Antarktis eine Forschungsstation durch Schneefall im Laufe einiger Jahre zugeweht wird, weshalb häufig Tunnellösungen für Polarstationen realisiert werden. Die neue deutsche Station Neumayer III, die im Februar 2009 eröffnet werden soll, ist hingegen komplett auf hydraulischen Stelzen gelagert **(Bild unten)**, die die Station im Laufe der Zeit immer weiter nach oben heben werden. Aufgrund von Neuschnee wird dabei eine nötige Hubhöhe von bis zu einem Meter pro Jahr erwartet. Zur Versorgung der Stationen werden Hubschrauber und Flugzeuge sowie bei küstennahen Stationen Schiffe eingesetzt.

Vom Weltall bis ins Erdinnere

Aufgrund der Abgeschiedenheit der Polargebiete hat die Polarforschung wie kaum eine andere Wissenschaft von der Entwicklung moderner Forschungssatelliten profitiert. Diese Satelliten ermöglichen seit einigen Jahrzehnten erstmals einen Blick auf die gesamte Arktis und die gesamte Antarktis, wodurch Veränderungen häufig sehr viel einfacher beobachtet werden können, als durch bodengebundene Messungen.

Gleichzeitig liefern Satelliten normalerweise nur Daten, die im günstigsten Fall aus einigen Zentimetern Tiefe des Eispanzers stammen. Um die Struktur der großen Eisschilde und der darunterliegenden Landmassen zu verstehen, sind zusätzlich sogenannte In-situ-Messungen direkt im Eis oder dem Felsgestein notwendig. In aufwendigen Verfahren werden dabei zum Teil mehrere Tausend Meter lange Eiskerne stückweise aus dem Eis entnommen und anschließend analysiert.

Darüber hinaus bieten die Polarregionen ein Umfeld, das aufgrund der sehr klaren Luft und der relativ konstanten Umweltbedingungen auch für Forscher interessant ist, die nicht primär Polarforschung betreiben. So können Meteorologen Phänomene der atmosphärischen Optik studieren und Biologen z.B. Sozialverhalten sowie Wanderungsbewegungen von Robben analysieren.

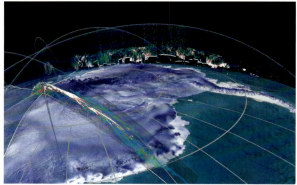

Oben links: Im Dezember 2004 wurde in der Antarktis mit Hilfe eines riesigen Ballons ein Spektrometer japanischer und US-amerikanischer Wissenschaftler in die obersten Schichten der Erdatmosphäre befördert, das dort nach Antimaterie suchen sollte. Die recht konstanten Lufttemperaturen während des antarktischen Sommers waren dabei für die Ortswahl ausschlaggebend.

Oben: Ein Satellitenbild der Antarktis mit Wolken vom im Jahr 2003 gestarteten »IceSat« (Ice, Cloud and Land Elevation Satellite) der NASA. Er ermöglicht es, das Volumen von Eisschilden und deren Beitrag zum Meeresspiegelanstieg sehr genau zu vermessen.

158 DER MENSCH IM »EWIGEN« EIS

Oben: Ein Teil des längsten jemals gebohrten Eiskerns, der 2003 in der Antarktis gezogen wurde. Das Eis stammt aus einer Tiefe von über 3000 m und erlaubt detaillierte Aufschlüsse über das Erdklima vor 800 000 Jahren.

Ganz links: Ein Wissenschaftler untersucht Erdproben. Auch Sedimentkerne, z.B. vom Meeresboden, lassen zahlreiche Aufschlüsse über das Klima der Vergangenheit zu.

Links: Wissenschaftler des Alfred-Wegener-Instituts für Polarforschung im Einsatz in der Antarktis. Das Bohren eines kilometerlangen Eiskerns ist ein kaltes und langwieriges Unterfangen, das höchste Ansprüche an Mensch und Material stellt.

DAS RENNEN HAT BEGONNEN: WETTLAUF UM NUTZUNGSRECHTE

Seit mehreren Jahren versuchen Wissenschaftler zu klären, wie weit sich die Festlandsockel vom nordamerikanischen und eurasischen Kontinent Richtung Nordpol erstrecken. Sie wollen damit die wissenschaftliche Grundlage für Hoheitsansprüche im Arktischen Ozean schaffen. Die stille Arbeit der Wissenschaftler beendete im Sommer 2007 eine spektakuläre Aktion Russlands: Die Russen versenkten am Nordpol ihre Flagge im Eismeer und erhoben damit Anspruch auf den Meeresboden. Damit ist die Klärung der Hoheitsrechte im Arktischen Ozean zu einem Politikum geworden. Während am Nordpol gestritten wird, ist es im Süden ruhig: Im Antarktis-Vertrag von 1959 hat sich die Staatengemeinschaft verständigt, die Antarktis nur für friedliche Zwecke zu nutzen und ökonomisch nicht auszubeuten. Zumindest bis 2041 — dann erlischt der Vertrag.

»Interesse an der Antarktis«

Der Antarktis-Vertrag zählte zunächst zwölf Mitglieder. Inzwischen sind ihm weitere 34 Staaten beigetreten, so dass es jetzt insgesamt 46 Vertragsstaaten gibt.

Dabei wird zwischen Konsultativstaaten und den übrigen Vertragsstaaten unterschieden. Nur die Konsultativstaaten sind bei den Konsultativtagungen (Antarctic Treaty Consultativ Meeting) stimmberechtigt. Konsultativstatus erlangt eine Vertragspartei nach Artikel IX, Absatz 2 des Antarktis-Vertrags, wenn sie »durch die Ausführung erheblicher wissenschaftlicher Forschungsarbeiten in der Antarktis wie die Einrichtung einer wissenschaftlichen Station oder die Entsendung einer wissenschaftlichen Expedition ihr Interesse an der Antarktis bekundet«.

Nach Angaben der US-National Science Foundation besitzen neben den zwölf Gründungsstaaten 16 weitere Staaten den Konsultativstatus, darunter auch Deutschland. 18 weitere Staaten haben diesen Status nicht, können aber zu den Konsultativtagungen Beobachter entsenden.

Kapitän Marc Rothwell hat die Motoren des 12 000 Bruttoregistertonnen schweren Eisbrechers »Louis S. St.-Laurent« abgeschaltet. Die »Louis«, der größte Eisbrecher der kanadischen Küstenwache, ist auf wissenschaftlicher Mission unterwegs im Eismeer und seinen Nebenmeeren. Das Dröhnen der Motoren ist verstummt. Der Lancastersund, der Ostzugang zur legendären Nordwestpassage durch Kanadas arktische Inselwelt, ist ruhig und spiegelglatt. Wenige Seemeilen entfernt ragt die braune Bergkette der Bylotinsel empor. Im Dunst sind die Gletscher, die sich bis ans Meer schieben, zu erkennen. Kittiwakes, die Dreizehenmöwen, ziehen ihre Kreise rund um das Schiff. Es herrscht fast Stille. Nur die Stimmen der Wissenschaftler, die ihre Experimente vorbereiten, sind zu vernehmen. Sie entnehmen Boden- und Wasserproben, die Aufschluss über Meeresströmungen und Klimawandel bringen sollen.

Spielball nationaler Interessen

Wäre es nicht schön, sinniert ein Wissenschaftler, wenn das 4. Internationale Polarjahr – von März 2007 bis März 2009 – ein ähnliches Erbe hinterlassen würde wie das 3. Polarjahr, das vor genau 50 Jahren zusammen mit dem Internationalen Geophysikalischen Jahr begangen wurde? Einen Vertrag für die Arktis ähnlich dem Antarktis-Vertrag, der die Südpolregion davor bewahrte, zum Spielball nationaler Interessen zu werden? Aber das scheint in Zeiten, in denen der Hunger nach Rohstoffen eine treibende Kraft politischen Handelns ist, nicht möglich. Vor fünf Jahrzehnten war dies, obschon während des Höhepunktes im Kalten Krieg, anders.

Im Internationalen Geophysikalischen Jahr 1957/58 war die Antarktis einer der Forschungsschwerpunkte. Wissenschaftler mehrerer Länder arbeiteten zusammen, um dem eisigen Kontinent seine Geheimnisse zu entreißen. Der Neuseeländer und Mount-Everest-Bezwinger Sir Edmund Hillary erreichte den Südpol, ferner der Brite Vivian Fuchs auf der sogenannten Shackleton-Route. Eine sowjetische Expedition errichtete eine vorübergehende Forschungsstation am Pol.

Zu diesem Zeitpunkt hatten schon mehrere Staaten Hoheitsansprüche auf Südpol-Terrain geltend gemacht. Eine Aufteilung und Zerstückelung des unter einer dicken Eisschicht liegenden Kontinents in nationale Einflusssphären drohte. Auf Initiative der Wissenschaftler, die im Naturwissenschaftlichen Ausschuss für Antarktische Forschung zusammenarbeiteten, reagierte die Politik: Vertreter der Nationen, die im Geophysikalischen Jahr kooperierten, arbeiteten den Antarktis-Vertrag aus. Er wurde am 1. Dezember 1959 in Washington von Argentinien, Australien, Chile, Frankreich, Großbritannien, Neuseeland und Norwegen, die alle bereits Anspruch auf Teile des Territoriums erhoben hatten, sowie Belgien, Japan, der Sowjetunion, Südafrika und den USA unterzeichnet. Am 23. Juni 1961 trat der Antarktis-Vertrag schließlich in Kraft.

Friedliche Zwecke statt internationale Zwietracht

Die Eisschollen des kanadischen Lancastersunds funkeln im Licht der arktischen Sonne. Eine Möwenschar hat sich auf einer Scholle niedergelassen. Alle Vögel blicken nach Westen, dem Wind entgegen, damit dieser nicht unter ihr Federkleid bläst. Ringelrobben strecken ihren Kopf aus dem Wasser und beobachten die Menschen auf der hellroten »Louis S. St-Laurent« – eine Atmosphäre, wie sie nicht friedlicher sein kann.

Kanada lässt die Muskeln spielen: Paramilitärische Einheiten, bestehend aus Ureinwohnern der Arktis, verlassen am 9. April 2006 nach einer Übung die arktische Cornwallis-Insel.

DER MENSCH IM »EWIGEN« EIS

Aber es ist eine trügerische Ruhe. Die rhetorische Auseinandersetzung um die Arktis wird schärfer. Vom »Kalten Krieg in der Arktis« ist in Medien bereits die Rede. Klimawandel und Eisschmelze wecken Begehrlichkeiten. Bald werden Frachter und Öltanker durch die bisher weitgehend unberührte Arktis fahren. Die Arktis öffnet sich für Schifffahrtsrouten, die die Seewege zwischen Asien, Nordamerika und Europa deutlich verkürzen und billiger machen. »Die Nordwestpassage bedeutet bei Entfernungen und Treibstoffverbrauch eine erhebliche Einsparung«, sagt Kapitan Marc Rothwell, während die Wissenschaftler an Bord seiner »Louis« Experimente durchführen.

Aber es geht im Wettstreit um territoriale Rechte nicht nur um Schifffahrtsrouten. Die Arktis öffnet sich auch für die Rohstoffförderung. Im Blickpunkt stehen zunächst vor allem Erdöl und Erdgas. Vermutet werden zudem Edel- und Schwermetalle. Der ressourcenreiche Meeresboden steht zur Disposition, nicht nur am Nordpol, sondern im gesamten Arktischen Ozean mit seinen Nebenmeeren. Eine Meeresfläche von 14 Millionen km², annähernd die doppelte Größe Australiens, ist Gegenstand internationaler Interessen.

Die Anrainerstaaten rüsten mit Worten und Taten auf. Grenzen werden in Frage gestellt. Dort, wo sie nicht eindeutig geregelt sind, wird heftig um sie gerungen. In der Beaufortsee ist der Grenzverlauf zwischen den USA und Kanada innerhalb der 200-Seemeilen-Zone umstritten. Kanada möchte die Grenze entlang des Längengrades von der Küste nach Norden führen. Die USA dagegen legen den »Median«, die Mitte zwischen den Territorialseen, als Grenze fest. Dadurch ist ein mehrere Tausend Quadratkilometer großes Gebiet zwischen den nordamerikanischen Nachbarn umstritten. Die jüngste Studie der US Geological Survey zeigt, warum keine der beiden Seiten klein beigeben will: Vor allem in der Nähe der Küsten der arktischen Gewässer wird der größte Teil der bisher noch nicht entdeckten, mit dem jetzigen Stand der Technik aber förderbaren Erdgas- und Erdölvorkommen vermutet, die für den gesamten arktischen Raum on- und offshore (an Land und auf dem Meeresboden) auf insgesamt 90 Milliarden Barrel Öl und rund 50 Billionen m³ Gas geschätzt werden.

Streit um einen öden Felsen – »Hans gehört uns«

Skurril mutet dagegen der Streit um die Insel Hans zwischen Grönland und der kanadischen Ellesmereinsel an, ein unwirtlicher, öder Felsen, 1,3 km² groß, im Kennedykanal. Und doch gibt es um diese Insel immer wieder Streit zwischen Dänemark und Kanada. Als 1973 durch einen UN-Vertrag die Grenze zwischen Dänemark und Kanada festgeschrieben wurde, blieb ein kleines Seegebiet unberührt. Genau dort liegt die Insel Hans. Seitdem hissen dort beide Seiten immer wieder provokativ ihre Flaggen oder schicken gar militärisches Personal. Die Botschafter werden in den jeweiligen Hauptstädten vorstellig, unterstreichen die Rechtsposition und Ansprüche ihres Landes und ziehen sich anschließend wieder zurück.

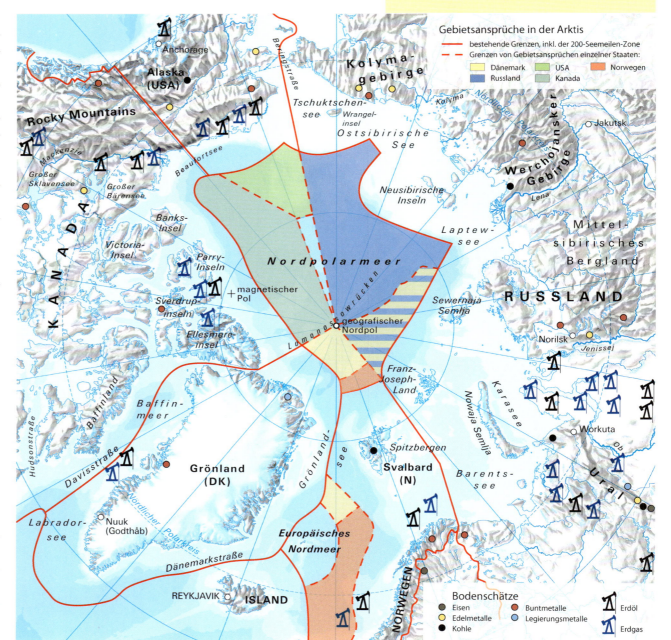

Die **Gebietsansprüche in der Arktis** sind bis zu den 200-Seemeilen-Zonen der Anrainerstaaten geklärt. Nördlich davon erheben alle fünf Länder Ansprüche auf zusätzliche Gebiete, die derzeit als internationale Gewässer gelten.

162 DER MENSCH IM »EWIGEN« EIS

Fristen laufen ab – Die Uhr tickt
Der Wettlauf um die Arktis ist entbrannt, weil es Fristen für die Anmeldung von Ansprüchen gibt. Der Küstenstaat muss seine Ansprüche zehn Jahre nach Beitritt zur Seerechtskonvention der »Kommission für die Grenzen des Kontinentalschelfs«, auch Sockelkommission genannt, vorlegen. Alle Staaten, die vor 1999 der Konvention beitraten, müssen bis 2009 ihre Dokumente präsentiert haben. Russland trat der Konvention bereits 1997 bei und hat seinen Anspruch 2001 begründet. Kanada, das erst 2004 beitrat, hat Zeit bis Ende 2013, Dänemark-Grönland bis 2014. Nach Angaben der kanadischen Regierung haben bis Sommer 2008 insgesamt 34 Staaten zu verstehen gegeben, dass sie Anträge stellen werden. Die USA sind bisher nicht Signatarstaat der Seerechtskonvention.

> Die arktischen Anrainer rüsten im Streit um Hoheitsansprüche auf. Besitzansprüche werden offen angemeldet.

Beim Streit um die Nordwestpassage geht es dagegen um mehr: um den Zugang zu einer in wenigen Jahren womöglich wirtschaftlich interessanten Schifffahrtsroute. Hier sieht sich Kanada gefordert und provoziert. Am Ostzugang zur Nordwestpassage, bei Nanisivik, will Kanada in den kommenden Jahren die Hafenanlage einer stillgelegten Zinkmine zu einem Stützpunkt für seine Marine machen. Weiter im Westen, in Resolute auf der Cornwallis-Insel, wird ein Trainingszentrum der kanadischen Armee errichtet. Kanada will damit seine Souveränität über die arktische Inselwelt unterstreichen. Die Hoheit über das Land ist dabei unumstritten. Nicht dagegen die Hoheit über die Gewässer zwischen den Inseln und damit über die Nordwestpassage. Kanada beansprucht sie als »internes Gewässer«, andere Nationen, allen voran die USA, betrachten die Nordwestpassage, die durch Klimawandel und Eisschmelze zu einer jährlich mehrere Monate befahrbaren Wasserstraße wird, als internationale Schifffahrtsstraße.

Die Standardformel, mit der Kanadas konservative Regierung ihre Position zu Souveränitätsfragen in der Arktis umreißt, lautet: »Use it or lose it!« Und Kanada scheint mittlerweile entschlossen, sie zu nutzen: Dafür sollen mehrere Gesetze geändert werden, die den Geltungsbereich kanadischen Umweltrechts und die gesetzliche Meldepflicht für ausländische Schiffe von 100 auf 200 Seemeilen ausweiten.

In den Schatten gestellt werden diese kleineren regionalen Konflikte vom Wettlauf zum Nordpol. Bis in den Sommer 2007 von den Medien so gut wie missachtet, rückte der nördlichste Punkt der Erde plötzlich wieder in die Schlagzeilen der Weltpresse: Am 2. August 2007 setzten zwei russische Tauchboote am Nordpol in mehr als 4000 m Tiefe eine Titankapsel mit der russischen Flagge ab und bekräftigten damit Russlands Anspruch auf den Meeresboden. Moskau argumentiert, dass der Lomonossowrücken unter dem Nordpol, der sich quer durch den Arktischen Ozean erstreckt, die Fortsetzung des russischen Festlandes darstellt und somit russisches Hoheitsgebiet ist.

Die arktischen Nachbarn sind verstört. Offiziell wird die Flaggenaktion als Propagandacoup ohne reale Konsequenzen abgetan. Hinter den Kulissen aber herrscht Nervosität. Werden einseitig Fakten geschaffen und damit die bislang international akzeptierten Regeln für die Festlegung von Hoheitsgebieten entsprechend der UN-Seerechtskonvention umgangen?

Gegen den wilden Wettlauf
Dänemarks Außenminister Per Stig Møller lud seine Kollegen aus Kanada, Norwegen, Russland und den USA

Vermessungstechniker markieren am 1. Januar 2000 den neu vermessenen Südpol. Die Neubestimmungen sind erforderlich, da sich der Eispanzer über der Antarktis bewegt

im Mai 2008 zu einer Konferenz am Rande des Gletschers von Ilulissat ein, um Konsens über das Verfahren zur Beilegung des Territorialstreits zu schaffen. »Wir müssen einen wilden Wettlauf zum Pol verhindern«, das war die Intention des Ministers. Die atemberaubende Schönheit der Berge und Gletscher an der Disko-Bucht an Grönlands Westküste schien die Politiker milde zu stimmen. Tatsächlich einigten sie sich auf eine »Ilulissat-Erklärung«, in der sie sich zum internationalen Seerecht bei der Bestimmung der Grenzen des Festlandsockels und damit der Hoheitsgebiete auf dem Meeresboden bekannten. Es könne sich wieder »Frieden über den Nordpol senken«, meinte überschwänglich Gastgeber Moller.

Aber Russland legte nach. Im Juli 2008 kündigte Moskau zunächst an, die Präsenz seiner Nordmeerflotte auszuweiten, offiziell um russischen Fischern, die von norwegischen Booten verdrängt würden, »psychologische Unterstützung« zu bieten. Im September ordnete Präsident Dmitri Medwedew dann an, die Grenzen des Festlandsockels so festzulegen, dass der Nordpol russisches Hoheitsgebiet ist. »Es ist unsere wichtigste Aufgabe, die Arktis in eine russische Rohstoff-Förderregion des 21. Jahrhunderts zu verwandeln«, heißt es in der entsprechenden Meldung der deutschen Nachrichtenagentur dpa, die sich wiederum auf eine Meldung der russischen Agentur Interfax beruft.

Trotz aller martialischen Gebärden: Die Rechtsgrundlage für die Regelung der Territorialansprüche ist UNCLOS, das Seerechtsübereinkommen der Vereinten Nationen (United Nations Convention on the Law of the Sea). Diese Konvention, die auch als »Verfassung für die Ozeane« bezeichnet wird, teilt die Meere in nationale und internationale Hoheitsgebiete. Bisher haben 155 Staaten dieses mit 320 Artikeln umfangreiche Regelwerk ratifiziert, das 1994 in Kraft trat. Als einziger großer Industriestaat sind die USA dem Abkommen nicht beigetreten.

UNCLOS ist nicht nur ein umfangreiches, sondern auch ein kompliziertes Regelwerk, das an Juristen und Geowissenschaftler hohe Ansprüche stellt. Im Streit um die Hoheitsrechte spielt der Artikel 76 die maßgebliche Rolle: Er definiert den Festlandsockel (Kontinentalschelf) und kann damit Hoheitsrechte eines Küstenstaates begründen, die über die »Ausschließliche Wirtschaftszone« von 200 Seemeilen, die sogenannte 200-Meilen-Zone, hinausgehen. Allerdings mit einem erheblichen Unterschied beim Umfang der Rechte und Pflichten: In der 200-Meilen-Zone, die das Minimum des Hoheitsgebietes eines Küstenstaates ist, erstrecken sich die Rechte des Staates sowohl auf das Wasser als auch auf den Meeresboden. Wird das Hoheitsgebiet darüber hinaus ausgeweitet, dann bezieht sich dies nur auf den Meeresboden.

Der Eisbrecher »Louis S. St.-Laurent« hat die Nordwestpassage durchfahren und den Arktischen Ozean erreicht. In der Beaufortsee trifft die »Louis« auf den Eisbrecher »Healy« der US-amerikanischen Küstenwache. Gemeinsam nehmen sie Kurs Richtung Norden. Ziel ist das Seegebiet nördlich des 75. Breitengrads. Trotz ihrer Meinungsverschiedenheiten bei der Grenzziehung in der Beaufortsee arbeiten die Nachbarn in der wissenschaftlichen Erkundung des Meeresbodens der Arktis zusammen. Die »Healy« fährt voraus und bricht das Eis, die »Louis« folgt. Sie zieht die Geräte hinter sich her, mit denen der Meeresboden untersucht wird. Die Pionierarbeit der »Healy« ermöglicht es der »Louis« konstant, wenn auch langsam, voranzukommen. Wegen der Messgeräte könnte die »Louis« nicht den Rückwärtsgang einlegen, falls sie im Eis steckenbleiben sollte.

Jacob Verhoef, der Leiter des kanadischen Vermessungsprogramms, hofft, der Kommission für die Grenzen des Kontinentalschelfs überzeugende Daten vorlegen zu können, die Kanadas Ansprüche in der Arktis belegen. Denn die äußeren Grenzen des Kontinentalschelfs, die über die 200 Seemeilen hinausgehen, müssen wissenschaftlich belegt werden. Es muss, wie es in der UN-Konvention heißt, »die natürliche Verlängerung seines Landterritoriums« sein. Der Arktische Ozean besteht aus einem zentralen Tiefseebecken, das von sieben Randmeeren umgeben ist. Anders als beim Atlantik und dem Pazifik reicht das Kontinentalschelf hier weit ins Meer hinein. Das Schelf allein hat eine Fläche von rund fünf Millionen Quadratkilometern. Dies ist das Gebiet mit relativ geringer Wassertiefe, in dem die meisten Rohstoffe vermutet werden und in dem die nationalen Grenzen jetzt gezogen werden

Die »Louis« zieht die Messgeräte hinter sich her, die den Meeresboden kartografieren und seine Zusammensetzung bestimmen. Ein zwei Tonnen schweres Gerät, das 20 bis 30 m hinter dem Schiff fünf bis zehn Meter unter der Wasseroberfläche schwimmt, sendet Schallwellen zum Meeresboden. Je nach Beschaffenheit des Bodens und der Sedimente werden sie reflektiert. Ein Hydrophon – digitale Unterwassermikrofone in einem Schlauch – nimmt im Abstand von 100 m vom Schiff die reflektierten Schallwellen wieder auf und leitet die Informationen an das Schiff weiter. Die Aufzeichnung dieser Reflexionen gibt Informationen über Charakteristika und Strukturen der Sedimente auf dem Meeresboden, erläutert Jacob Verhoef.

Anhand der Strukturen kann ermittelt werden, wie weit das Kontinentalschelf Fortsetzung der Landmasse ist, das entscheidende Kriterium für die Festsetzung von Hoheitsgrenzen. Die Konvention gibt zunächst eine

Der Vertreter der Sowjetunion unterzeichnet am 1. Dezember 1959 den Antarktis-Vertrag, der lediglich die friedliche Nutzung der Südpolarregion zu wissenschaftlichen Zwecken erlaubt. Der Vertrag läuft allerdings im Jahr 2041 aus.

Im August 2007 setzten russische U-Boote eine Titankapsel mit der Nationalflagge auf dem Meeresboden unter dem Nordpol ab. Russland erhebt Anspruch auf das Territorium.

Arktischer Rat:
Grenzüberschreitende Kooperation

Der Arktische Rat wurde 1996 in der kanadischen Hauptstadt Ottawa mit dem Ziel gegründet, die Zusammenarbeit der arktischen Anrainerstaaten zu stärken. Dem Rat, der seine erste Sitzung 1998 in Iqaluit, der Hauptstadt des kanadischen Territoriums Nunavut abhielt, gehören Dänemark (mit Grönland und den Färöer-Inseln), Island, Norwegen, Schweden, Finnland, Russland und Kanada an. Den Status ständiger Teilnehmer hat die indigene Bevölkerung der Arktis. Schwerpunkt der Arbeit des Arktischen Rates war bisher die Zusammenarbeit im Umweltschutz und bei der Entwicklung von Strategien für eine nachhaltige wirtschaftliche Entwicklung der Region.

Der Vorsitz des Arktischen Rats wechselt alle zwei Jahre. Bis Ende 2008 hat Norwegen den Vorsitz. Folgen werden bis 2012 Dänemark und Schweden.

äußere Grenze von 350 Seemeilen vor. Aber auch hier gibt es eine Ausnahme, die eine weitere Verlagerung der Grenze zulässt: Der Küstenstaat kann Hoheitsrechte bis zu einem Punkt geltend machen, an dem das Meer über dem Kontinentalschelf eine Tiefe von 2500 m erreicht und dann nochmals 100 Seemeilen hinzufügen.

Dies ermöglicht es Kanada, Grönland und Russland, den geografischen Nordpol zu erreichen. Denn knapp am Nordpol vorbei erstreckt sich im Arktischen Ozean der Lomonossowrücken, über dem das Meer weniger als 2500 m tief ist. Die Voraussetzung aber ist, dass die Parteien beweisen können, dass der Lomonossowrücken die Fortsetzung ihrer Landmasse ist und damit zu Sibirien oder Nordkanada bzw. Grönland gehört. Die Russen haben bereits Daten vorgelegt, mit denen sie glauben beweisen zu können, dass das Unterwassergebirge zu ihrer Landmasse gehört. Kanadier und Dänen sind zuversichtlich, Datenmaterial für den Beweis des Gegenteils vorlegen zu können. Und möglich ist schließlich auch, dass der Lomonossowrücken mit beiden Landmassen verbunden ist und somit ohnehin ein Kompromiss zwischen den drei Parteien gefunden werden muss. Die anderen direkten Anrainer – Norwegen und die USA – können zwar ebenfalls Ansprüche auf Gebiete des Arktischen Ozeans erheben. Den Nordpol können sie aber nicht erreichen.

> **Die entscheidende Frage im Streit um den Nordpol ist: Zu welcher Landmasse gehört der Lomonossowrücken?**

Kanadas Außenminister Lloyd Axworthy (l.) begrüßt im September 1996 die Mitglieder des Arktischen Rates zur Gründungsversammlung im Parlament in Ottawa. Das Gremium könnte beim Streit um die arktischen Hoheitsrechte künftig an Bedeutung gewinnen.

Die eisige Welt als »hot spot«

Nationale Interesse haben den Wettstreit um das Eismeer und seine Ressourcen ausgelöst. Die eisige Arktis ist ein »hot spot«. Gibt es noch einen Weg zu einem Arktis-Vertrag ähnlich dem Antarktis-Vertrag? Kanadas früherer Außenminister Lloyd Axworthy, einer der Initiatoren der Ottawa-Konvention gegen Landminen, spricht von einem »territorialen Rausch« im Stil des 19. Jahrhunderts, als die Kolonialmächte die Welt unter sich aufteilten. Statt auf Alleingänge zu setzen und einem militärischen und rein legalistischen Ansatz zu frönen, sollte eine multilaterale Lösung in Kooperation angestrebt werden. Ein Gremium, in dem die Arktisanrainer zusammenarbeiten, gibt es bereits: den 1996 gegründeten Arktischen Rat.

DIE ARKTIS – EIN ÖKONOMISCHER HOTSPOT

Die Arktis hat sich seit den 1970er-Jahren an einigen Stellen in ein Industrierevier verwandelt. Vorbei sind die Zeiten, in denen Fischfangflotten in den Meeren der Polarregion sowie Trapper und Pelzhändler in arktischen und subarktischen Gebieten die Vorposten von Wirtschaft und Handel waren. Zwar geht es auch heute noch um Fangquoten in den fischreichen Gewässern, aber das Augenmerk der Arktisanrainer und der Investoren richtet sich auf andere Güter: Gold, Diamanten, Kupfer, Zink, Eisenerz, Uran – und vor allem Erdöl und Erdgas.

Das Ölfeld von Prudhoe Bay, das am 12. März 1968 entdeckt wurde, ist das größte Ölfeld Nordamerikas. Von den auf dem Bild zu sehenden Raffinerien in Prudhoe Bay transportiert die quer durch Alaska verlaufende Alyeska-Pipeline Öl in den Hafen Valdez an der Pazifikküste. Die »Arctic Alaska Petroleum Province«, die sich über 1100 km von der kanadisch-amerikanischen Grenze im Osten bis zur russisch-amerikanischen Grenze im Eismeer erstreckt, ist eines der wichtigsten Ölfördergebiete der USA. »Alaska North Slope«, die Küste Alaskas nördlich der Brooks Range, spielt heute bei der Befriedigung des Ölbedarfs der US-Amerikaner eine wesentliche Rolle.

Die auf Verbrauch fossiler Brennstoffe beruhende Wirtschafts- und Lebensweise verändert das Klima, schafft weltweit Bedrohungen für Menschen, Tiere und Pflanzen und begünstigt paradoxerweise wiederum diejenigen, die den Klimawandel mit ihrer Ausbeutung von Erdöl und Erdgas forcieren: Erderwärmung und Eisschmelze öffnen arktische Regionen für wirtschaftliche Nutzung sowie Schifffahrtswege durch die Eismeere.

DER MENSCH IM »EWIGEN« EIS

Antarktis – Ruhe vor dem Sturm

Vom Säbelrasseln um Hoheitsgebiete, wie sie die Arktis erlebt, ist in der Antarktis bislang nichts zu hören. Friedlich soll es dort zugehen, beschloss vor 50 Jahren die internationale Staatengemeinschaft im Antarktisvertrag, der am 1. Dezember 1959 in Washington unterzeichnet wurde und 1961 in Kraft trat. Als wollten sie dem Nachdruck verleihen, bilden in rote Parkas gehüllte Bewohner der McMurdo-Forschungsstation auf der antarktischen Ross-Insel das Zeichen für Frieden **(Bild rechts)**. Erstunterzeichner des Vertrags waren folgende zwölf Staaten: Argentinien, Australien, Belgien, Chile, Frankreich, Großbritannien, Japan, Neuseeland, Norwegen, die Sowjetunion/Russland, Südafrika und die USA. Ihre Flaggen flattern im antarktischen Wind an einem symbolischen Südpol **(Bild oben)**.

Der Antarktisvertrag hatte zunächst eine Laufzeit bis 1991, wurde dann aber um 50 Jahre bis 2041 verlängert. Bis dahin ruhen Gebietsansprüche der Anrainerstaaten und der Länder, die aufgrund früherer Entdeckungs- und Forschungsreisen Teile des antarktischen Festlands oder antarktische Inseln für sich reklamieren.

168 DER MENSCH IM »EWIGEN« EIS

DER MENSCH IM »EWIGEN« EIS

Diamanten aus der Kälte

Der Boden der Nordpolarregion birgt neben Schätzen wie Erdöl und Erdgas eine besondere Kostbarkeit: Diamanten. Im Jahr 1991 entdeckten die kanadischen Geologen Charles Fipke und Stu Blusson in den Nordwest-Territorien, einige Hundert Kilometer nordöstlich von Yellowknife, einen wahren Schatz: eine Diamanten führende Kimberlit-Pipe.

Mit der Entdeckung der Kimberlit-Pipe begann ein Wettlauf um Schürfrechte in der »Slave Geological Province«, wie das Gebiet nordöstlich des Sklavensees heißt. Im Oktober 1998 wurde die erste, fünf Jahre später die zweite Diamantenmine eröffnet. Kanada, in den 1990er-Jahren noch ein Nobody im Diamantengeschäft, stieg binnen weniger Jahre in die Riege der führenden Diamantenförderländer auf. Heute wird an zahlreichen weiteren Stellen in der kanadischen Arktis nach diesen Edelsteinen gesucht.

Ob Erdgas und Erdöl, Gold oder Silber, Kupfer oder Zink: Die Förderung von Bodenschätzen in der Arktis ist eine logistische Herausforderung. Baumaterialien müssen über Hunderte Kilometer herbeigeschafft werden. Klimawandel und Eisschmelze vereinfachen die Erschließung der Ressourcen und erleichtern zukünftig möglicherweise die Schifffahrt durch die Polarmeere. Der Transport über Land wird vielerorts aber erschwert: Eisstraßen können nicht mehr so lange und zuverlässig benutzt werden; die Reifen der Lastwagen versinken im Boden, der früher durch Permafrost hart und belastbar war.

Oben: Vom Erdgasfeld Snøhvit in der Barentssee, 140 km nordwestlich von Hammerfest, fließt durch eine unterseeische Pipeline Erdgas zu den Anlagen auf der Insel Melkøya, wo das Erdgas verflüssigt wird. Die staatlich kontrollierte norwegische Firma Statoil/Hydro hat Ende 2007 mit der Ausbeutung des Feldes begonnen. Es handelt sich um die erste norwegische Erdgasförderanlage, die ohne Förderplattformen auskommt. Im April 2008 begann Statoil/Hydro damit, Kohlendioxid im Meeresboden unterhalb des Erdgasfeldes zu lagern.

Links: Grüne Linien auf dunklem Fels: Auf der Horseshoe-Insel an der antarktischen Marguerite Bay wurden Kupfervorkommen entdeckt. Ihre Ausbeutung ist aufgrund des Antarktis-Vertrags bislang untersagt.

Oben: Bei der Ölförderung im US-amerikanischen Prudhoe Bay müssen sich die Arbeiter vor der klirrenden Kälte schützen. Temperaturen von −40 °C und schneidender Wind bedeuten, dass ungeschützte Haut nach wenigen Minuten erfrieren würde.

Links: Stufenweise in die Tiefe: im Lac de Gras in den kanadischen Nordwest-Territorien liegt die Diavik-Diamantenmine. Um an die Diamanten führenden Kimberlit-Pipes zu gelangen, musste ein Damm gebaut und ein Teil des Sees trockengelegt werden. Diavik ist nach der ebenfalls in der Tundra liegenden Ekati-Mine die zweite Diamantenmine Kanadas.

Jagd auf die Giganten der Meere

Im Jahr 1982 sah sich die Internationale Walfangkommission (IWC) zu einem radikalen Schritt veranlasst: Wegen des drastischen Rückgangs der Bestände einiger Großwalarten verhängte sie ein vorübergehendes Walfangverbot. Es gilt bis heute für die kommerzielle Jagd auf große Wale wie den Finn-, Blau-, Pott-, Grönland-, Buckel- und Zwergwal, der der kleinste der geschützten Großwale ist.

Schon 1979 war im Indischen Ozean ein Walschutzgebiet geschaffen worden. 1994 wurde auf der Jahrestagung der IWC das »Southern Ocean Sanctuary« beschlossen, ein etwa 50 Millionen km² großes Schutzgebiet rund um die Antarktis. Alle Schutzvorschriften enthalten jedoch Ausnahmen. Den Inuit der Arktis ist die Jagd zu Subsistenzzwecken, also für den eigenen Lebensunterhalt, gestattet. Erlaubt ist zudem die Jagd zu »wissenschaftlichen Zwecken«.

Japan hält trotz aller Proteste von Umweltschützern am Walfang zu »wissenschaftlichen Zwecken« fest. Außerdem macht das Land geltend Walfleisch sei traditionell ein Bestandteil japanischen Essens. In der Saison 2007/08 schlachteten japanische Walfänger nach IWC-Angaben 912 Wale (**großes Bild**: Ein japanischer Walfänger zerteilt einen Baird-Wal, von denen außerhalb des IWC-Walfangverbots pro Jahr 60 Exemplare erlegt werden dürfen). Die meisten davon sind die auch Minkwale genannten Zwergwale. Norwegen, das seit zehn Jahren jährlich zwischen 500 und 650 Zwergwale fängt, und Island erhoben Widerspruch gegen die Schutzvorschriften und setzten die Jagd fort.

Oben: Ein Schiff des japanischen Institute of Cetacean Research hievt im Februar 2008 eine Zwergwal-Kuh mit ihrem Jungen an Bord. Australische Medien veröffentlichten Fotos der Jagd in antarktischen Gewässern, die auf internationale Empörung stieß.

Rechts: Der Kabeljau gehörte zu den beliebtesten Speisefischen der Welt und war in Massen im Nordatlantik von den arktischen Gewässern Grönlands und Spitzbergens bis zum Golf von Biskaya zu finden. Heute bedroht ihn nicht nur die Überfischung: Klimawandel und die damit einhergehende Erwärmung der Meere werden als eine mögliche Ursache gesehen, dass sich selbst bei Einschränkung des Kabeljaufangs die Bestände nur langsam erholen.

DER MENSCH IM »EWIGEN« EIS 173

ZWISCHEN PROFIT UND VERHEISSUNG – BODENSCHÄTZE UNTER DEM EIS

Es ist mehr als nur ein Lockruf des Goldes: Erdöl, Erdgas, Diamanten, Uran, Eisenerz – lang ist die Liste der Rohstoffe, die im Permafrostboden sowie im Nordpolarmeer vermutet werden oder deren Existenz bereits bekannt ist. Hinter dem Wettlauf um Hoheitsrechte in der Arktis stehen knallharte wirtschaftliche Interessen. Mit dem Klimawandel und dem Rückzug des arktischen Eises scheint die Ausbeutung von Rohstoffen möglich und wirtschaftlich rentabel zu werden. Auch in der Antarktis werden Bodenschätze vermutet. Aber der Umfang möglicher Lagerstätten ist unbekannt, eine wirtschaftlich profitable Ausbeutung ist allein wegen der harschen klimatischen Bedingungen kaum vorstellbar. Zudem ist der Abbau von Mineralien in der Antarktis bis 2041 vertraglich untersagt.

Stolperstein in der Arktis

An einem schönen Sommertag im Jahr 2002 gehen die beiden Brüder Seemeega und Nowdluk Akpiq aus der 400 Einwohner zählenden Gemeinde Kimmirut an der Südküste von Baffinland auf Jagd. Seemeega ist nicht nur wie die meisten Männer der Gemeinde Jäger. Er ist auch ein unabhängiger Prospektor, hat also gelernt, Gestein zu bewerten. Ein scharfes Auge besitzt er als Trapper und Jäger ohnehin.

Etwa drei Kilometer südwestlich von Kimmirut stolpern Seemeega und sein Bruder förmlich über Gesteinsbrocken. Die blau leuchtenden Kristalle erregen Seemeegas Interesse. Er nimmt einen Stein mit und legt ihn einem Geologen vor. Dieser erkennt sofort, dass es sich um einen Saphir handelt. Im darauffolgenden Jahr erwirbt das in Vancouver ansässige Unternehmen True North Gems Inc. die Prospektionsrechte. Das Projekt, das jetzt unter dem Namen »Beluga Sapphire Project« firmiert, befindet sich in der Explorationsphase.

Fast drei Stunden dauert der Flug von Iqaluit, der Hauptstadt des Arktisterritoriums Nunavut, an die Nordspitze von Baffinland. Die endlose, von Schnee und Eis bedeckte Steinwüste reflektiert grell das Licht der Sonne. Die Felsen werfen Schatten mit glasklaren Konturen. Zerklüftetes Gelände und Ebenen flach wie ein Brett wechseln einander ab. Vereiste Flüsse mäandern durch die weiße Landschaft. Am Horizont verschwimmen Erde und Himmel. Hat hier jemals ein Mensch seinen Fuß hingesetzt? Plötzlich wird das Weiß von einem braunen Band unterbrochen: Eine Straße führt durch die scheinbar unberührte Natur. Dann sind Zelte mit orangefarbenen Streifen zu sehen. Mitten in der Arktiswüste steht ein Camp: das »Mary River Projekt« der kanadischen Baffinland Iron Mines Corporation. In Serpentinen führt die Schotterstraße auf eine Anhöhe, wo Bagger Schnee und Eis beiseitegeräumt haben. Der Boden ist rotbraun. Hier lagern die Eisenerze Hämatit und Magnetit.

Minengesellschaften auf dem Sprung

Das überwiegend von Inuit bewohnte kanadische Territorium ist ein Brennpunkt bei der Suche nach profitablen Schätzen im Eis. Dabei schreckt das raue Klima die Rohstoffindustrie nicht – im Gegenteil: Lägen die Fundstätten weiter im Süden, dann wären sie schon längst abgebaut, sagen die Prospektoren, die nach Basismetallen, Uran und Edelsteinen suchen. An 136 Stellen werden bereits zu Explorationszwecken Mineralien gefördert. Dies soll zeigen, ob die Vorkommen so groß sind, dass sich der Bau einer Mine lohnt. Allein im Jahr 2007 investierten Unternehmen in dem annähernd zwei Millionen Quadratkilometer großen Territorium etwa 260 Millionen Kanadische Dollar in die Suche nach Rohstoffen. 1999 waren es gerade einmal 25 Millionen Dollar. Und weite Landstriche sind noch nicht einmal genau erforscht.

Ressourcen an Land und unter Wasser

Im Rahmen des Internationalen Polarjahres 2007/08 tragen Geologen Daten zusammen, die ein genaueres Bild über geologische Formationen und damit potenzielle Rohstofflager im gesamten arktischen Raum zeichnen sollen. Noch weist das Bild große Lücken auf. Dabei muss zwischen »onshore« und »offshore«, an Land und vor der Küste, unterschieden werden. Je nachdem, wie die Arktis definiert wird – als Gebiet nördlich des 66. Breitengrades (des Polarkreises), des 60. Breitengrades oder als Region nördlich der Baumgrenze –, gehören zur Landmasse der Arktis weite Teile Sibiriens, Alaska, Nordkanada, Grönland, Island und Spitzbergen sowie die nördlichen Regionen Finnlands, Schwedens und Norwegens. Hinzu kommt der Arktische Ozean mit den Eisfeldern und dem Meeresboden, um den sich die Anrainerstaaten streiten.

Saphire zählen zu den wertvollsten Edelsteinen der Erde. Nachdem in der kanadischen Arktis Vorkommen entdeckt wurden, soll dort in in einigen Jahren der Abbau beginnen.

Bekannt ist, dass sich ein Sedimentgürtel vom Westen Kanadas, wo konventionelles Erdöl und Ölsand gefördert werden, in die Arktis erstreckt. Potenzial für Öl- und Gasförderung besteht damit nicht nur im Mündungsdelta des Mackenzie und an der Küste Alaskas, sondern auch in der Hohen Arktis Kanadas. Im Sverdrupbecken, in der Davisstraße, im Lancastersund und in der Baffin Bay existieren Lagerstätten mit mehreren Hundert Millionen nachgewiesenen Barrel Öl, die potenzielle Fördermenge geht sogar in die Milliarden.

Auf der Cornwallis-Insel bei Resolute und bei Nanisivik im Norden der kanadischen Insel Baffinland wurde seit den 1970er-Jahren Zink und Blei gefördert. Nun sind die Minen erschöpft und stillgelegt, aber die Wissenschaftler der Canadian Geological Survey gehen davon aus, dass in der Region nicht nur die bereits nachgewiesenen Eisenerzvorkommen, sondern weitere Zink- und Nickellagerstätten existieren. Zudem gibt es den Diamantenkorridor, der sich von den Nordwest-Territorien bei Yellowknife ebenfalls nach Norden erstreckt. Noch Mitte der 1990er-Jahre tauchte Kanada in keiner Diamantenstatistik auf. Nun hat es, gemessen am Wert der geförderten Diamanten, den dritten Platz nach Botswana und Russland eingenommen, Kopf an Kopf mit Südafrika.

Einen Boom erlebt Kanadas Arktis auch bei der Uransuche. Von der Prärieprovinz Saskatchewan kommend erstrecken sich Uranvorkommen bis weit in die Nordpolarregion hinein. Kanada ist bereits jetzt der größte Uranproduzent der Welt. Die entdeckten, aber noch nicht erschlossenen Vorkommen im Territorium Nunavut werden diese Position festigen.

Gewaltige Ölvorkommen prognostiziert

Ein genaueres Bild kann man sich bereits jetzt von den Öl- und Gasvorkommen in der Arktis machen. Die US-amerikanische Fachbehörde Geological Survey (USGS) hat eine Studie über die vermuteten, aber noch nicht entdeckten Energievorräte in der Arktis nördlich des Polarkreises vorgelegt. Sie verglich dabei die geologische Struktur von 25 der 33 geologischen »Provinzen« des Arktisraums nördlich des 66. Breitengrades mit bekannten Bodenformationen, aus denen Öl und Gas gefördert werden. Auf dieser Grundlage wurden Wahrscheinlichkeitsberechnungen angestellt.

Die USGS kommt zu dem Ergebnis, dass in der Arktis vermutlich 90 Milliarden Barrel Erdöl und annähernd 50 Billionen m^3 Erdgas liegen, die noch nicht entdeckt sind, nach dem heutigen Stand der Technik aber gefördert werden könnten. Diese Vorräte befinden sich überwiegend im Eismeer in Küstennähe, ein geringerer Teil an Land. Nach Einschätzung der Experten könnte der arktische Festlandsockel das geografisch größte unerforschte künftige Gebiet für Petroleum sein, das auf der Erde verblieben ist. 84 % der geschätzten Ressourcen in der Arktis liegen im Meer. Für die Ölgewinnung sind die Zonen Alaska, das amerasische Becken entlang des kanadischen Archipels bis nach Russland sowie das ostgrönländische Bassin interessant. Bei Gas liegt das Schwergewicht im westsibirischen Becken, im östlichen Barents-Becken und erneut im arktischen Alaska.

Die Berechnung der USGS ist allerdings nur eine Wahrscheinlichkeitsberechnung, die auf geologischen Daten und der heutigen Fördertechnik beruht. Die extremen Anforderungen an das einzusetzende Material, die zahlreichen Risiken durch das sich bewegende Eis oder die wirtschaftliche Rentabilität wurden in den Berechnungen bisher noch ausgeklammert.

Die in der Arktis vermuteten 90 Milliarden Barrel stellen 13 % der vermuteten, unentdeckten globalen Ölreserven dar, die rund 48 Billionen m^3 Erdgas etwa 30 % der unentdeckten Gasreserven. Umgerechnet in Öl-Äquivalent addieren sich die Vorräte auf 412 Milliarden Barrel Öl bzw. 22 % der unentdeckten, technisch abbaubaren Reserven der Welt. Gegenwärtig gibt es nach Angaben der US Geological Survey weltweit 1240 Milliarden (1,24 Billionen) Barrel nachgewiesene Reserven an konventionellem Öl. Darin nicht enthalten sind rund 175 Milliarden Barrel, die als »unkonventionelles Öl« im Teersand Kanadas lagern und nur unter größtem wirtschaftlichem Aufwand abzubauen sind.

Rohstoffreiches Alaska

Öl und Gas werden somit wie bereits in den vergangenen Jahrzehnten in Zukunft ein entscheidender Anreiz für Investitionen in der Arktis sein. Die Nordküste Alaskas am Arktischen Ozean, eine als North Slope bezeichnete Region, ist seit 1977 ein Schwerpunkt der US-amerikanischen Ölförderung. Prudhoe Bay, ein Teil der North Slope-Region, ist das größte Ölfeld Nordamerikas. 1968 entdeckt und seit Juni 1977 »onstream«, addierten sich bis Ende 2006 die Fördermengen an Alaskas North Slope auf 15,4 Milliarden Barrel Rohöl, wovon etwa zwölf Milliarden aus Prudhoe Bay stammten.

Fast die gesamte Förderung von Öl und Gas in Alaska beruht zurzeit auf Quellen auf dem Land. Nur wenige Förderstätten liegen ganz oder teilweise im Eismeer, wie etwa Duck Island, Milne Point oder North Star. Neue Felder wie Oooguruk werden entwickelt, sind aber noch nicht an das Pipeline-System angeschlossen. Die Ölreserven von North Slope wurden Ende 2006 auf etwa 6,1 Milliarden Barrel Öl und etwa eine Billion Kubikmeter Erdgas geschätzt. Welches Potenzial die Region hat, zeigt auch die Schätzung der US Geological Survey: Von den etwa 90 Milliarden Barrel Öl, die noch nicht entdeckt wurden, liegen vermutlich 50 Milliarden in der geologischen Provinz von Arctic Alaska.

Nicht nur Öl und Erdgas locken Bergbau- und Energieunternehmen sowie Prospektoren in die Arktis. Allein Alaska produziert Milliardenwerte an Mineralien. Im Jahr 2007 belief sich die Mineraliengewinnung nach bisher vorliegenden Schätzungen auf insgesamt 3,3 Milliarden US-Dollar, eine Steigerung um mehr als 16 % gegenüber dem Vorjahr. Den größten Anteil haben Metalle wie Gold, Silber, Kupfer, Zink und Blei mit insgesamt 3,2 Milliarden Dollar. Und obwohl Alaska seit Jack Londons »Lockruf des Goldes« berühmt ist für seine Goldgewinnung, rangieren die 20 Tonnen Gold – gemessen am Wert der geförderten Menge – nur an zweiter Stelle: Spitzenreiter ist Zink. Fast 700 000 Tonnen mit einem Marktwert von

Doug Suttles (l.), Chef des Ölkonzerns BP Alaska, erläutert Pläne seines Unternehmens, in der arktischen Beaufortsee Öl fördern zu wollen.

Poker um die Tschuktschensee

Einen Rekordbetrag von fast 2,7 Milliarden US-Dollar – rund 1,8 Milliarden Euro – brachte im Februar 2008 die Versteigerung von Lizenzen für Öl- und Gassuche in der Tschuktschensee, einem Teil des Eismeeres. Insgesamt gingen 667 Gebote für 488 Parzellen in dem 120 000 km^2 großen Meeresgebiet zwischen Alaska und Russland ein. Das höchste Gebot kam vom Energiekonzern Shell. Für eine »lease« in einer ölreichen Parzelle bot der Ölmulti 105 Millionen US-Dollar. Bereits in den 1980er-Jahren waren solche Förderlizenzen für die Tschuktschensee verkauft worden, die dann jedoch nur zu einigen Probebohrungen führten. Aus Kostengründen wurde damals kein Öl gefördert.

Mit dem Erwerb der »lease«, die eine Laufzeit von etwa zehn Jahren hat, erhielt Shell das Recht, in dem Gebiet Öl und Gas zu fördern. Vergeblich protestierten Umweltschützer und demokratische Abgeordnete des Repräsentantenhauses gegen die Versteigerung. Sie forderten, zunächst über den Schutz des Eisbären zu entscheiden. Das Gebiet ist Lebensraum und Rückzugsgebiet von Eisbären, Walen, Robben und Meeresvögeln.

Vernichtung der Walbestände

Walfänger gehörten zu den ersten Eindringlingen, die die Arktis und Antarktis wirtschaftlich ausbeuteten. Bereits im späten 16. und frühen 17. Jahrhundert begannen die Europäer die Jagd auf Wale im Arktischen Ozean. Der Tran des Wales wurde als Brennstoff für Lampen, darunter auch für Straßenlaternen, benötigt. Er diente aber auch bei der Herstellung von Kerzen, Seifen, Salben, Fetten, Margarine und Schmiermittel.

Mit der Entwicklung der Dampfschiffe wurde die Waljagd »effizienter« – mit verheerenden Folgen für die Walbestände in den Polarregionen. Gejagt wurden alle Großwale – Grönlandwale, Pottwale, Buckelwale, Blauwale und mehrere weitere Arten – bis an den Rand der Ausrottung.

1946 wurde das »Internationale Übereinkommen zur Regelung des Walfangs« in Washington ausgearbeitet. Aufgrund des Abkommens wurde zwei Jahre später die Walfang-Kommission gegründet. Sie kann »Vorschriften zur Erhaltung und Nutzung der Walbestände« erlassen und u.a. geschützte Arten, Fang- und Schonzeiten sowie Schutzgebiete festsetzen. 1982 beschloss die Kommission ein Moratorium für den Walfang, das 1986 in Kraft trat. Seitdem wird es trotz gegenteiliger Bemühungen von Walfangnationen wie Japan und Norwegen immer wieder verlängert.

zwei Milliarden US-Dollar wurden gefördert. Die Red Dog-Mine bei Kotzebue an der Beringstraße ist die größte Zinkmine der Welt.

Grönlands Edelsteine tauen auf

Mit dem Abschmelzen des Grönlandeises richtet sich der Blick auch auf die riesige, zu Dänemark gehörende Insel. Vor der Disko-Bucht Westgrönlands und an der Ostküste

wird nach Öl gesucht; Explorations- und Förderlizenzen sind bereits vergeben. Die Mineraliensuche konzentriert sich hier auf Basismetalle, Diamanten, andere Schmucksteine, Gold, Nickel und Elemente der Platin-Gruppe. Zwei Minen sind bereits in Betrieb: die Seqi-Olivin-Mine in West-Grönland und die Nalunaq-Goldmine im Süden der Insel. Dass es in Grönland Diamanten-Lagerstätten gibt, weiß man bereits seit Jahrzehnten. Aber erst seit der Entwicklung von Diamantenminen in Kanada stoßen auch die arktischen Diamanten in Grönland auf stärkeres Interesse. Mehrere diamantenführende Kimberlit-Schichten sind bekannt, darunter einige nahe der Disko-Bucht.

Sibirisches Eisenerz

Sibirien, der eisige Teil Asiens, wird seit Beginn seiner Erschließung im 16. und 17. Jahrhundert mit Bodenschätzen assoziiert. Unter den Zaren und dann in der Sowjetzeit wurde die Ausbeutung rigoros vorangetrieben. Nicht alle Menschen kamen freiwillig: Vor allem in der Stalin-Diktatur wurden Zwangsarbeitslager eingerichtet, die unter der Bezeichnung »Gulag« ein Synonym für Terror und Unterdrückung wurden. Heute ist Russland einer der größten Rohstofflieferanten, in manchen Bereichen sogar der Marktführer. Ein beträchtlicher Teil der Ressourcen kommt aus der Arktis. Gold, Diamanten, Aluminium, Kobalt, Kupfer, Eisenerz, Molybdän, Nickel, seltene Erden – die Liste ließe sich beliebig fortsetzen. Etwas veraltete Daten aus dem Jahr 2001, auf die sich die US Geological Survey bislang aber immer noch stützen muss, vermuten unter anderem rund ein Viertel der globalen Eisenerzvorräte in Russland, mit bedeutenden Minen im Ural und in Sibirien.

Antarktis – Riegel vor der Schatzkammer

Im Gegensatz zur Arktis, die seit Jahrzehnten von Prospektoren auf der Suche nach Schätzen durchkreuzt wird, sind in der Antarktis nur Wissenschaftler tätig, die geologische Proben entnehmen und daraus Rückschlüsse auf Mineralienlager ziehen. Mineraliensuche mit dem Ziel der wirtschaftlichen Ausbeutung ist in der Antarktis nicht möglich. Dem haben die Mitgliedsstaaten des Antarktischen Vertragssystems einen Riegel vorgeschoben.

Im Antarktis-Vertrag von 1959 bekennen sich die Vertragsstaaten zwar dazu, die Antarktis nur für friedliche Zwecke zu nutzen und sie nicht zum Spielball nationaler Interessen werden zu lassen, von der Ausbeutung der Bodenschätze aber ist in dem Vertrag nicht die Rede. Schon damals unkte so mancher, mit der Eintracht werde es vorbei sein, sobald am Südpol die ersten großen Lager an Bodenschätzen entdeckt werden. Um diese Schreckensvision von einem Hauen und Stechen um Antarktisressourcen nicht Realität werden zu lassen, verabschiedeten die Vertragsstaaten nach sechsjährigen Verhandlungen 1988 in Wellington (Neuseeland) die »Convention on the Regulation of Antarctic Mineral Resource Activities/CRAMRA« (Übereinkommen zur Regelung der Tätigkeiten im Zusammenhang mit mineralischen Ressourcen der Antarktis).

Umweltschützer äußern Bedenken

Mit diesem auch »Wellington-Konvention« genannten Abkommen sollte, wie Konferenzteilnehmer bekundeten, ein gefährliches Vakuum geschlossen werden. CRAMRA legt strenge Regeln für die Ausbeutung von Mineralien fest: Bevor Bergbauaktivitäten beginnen, müssen die möglichen Auswirkungen auf die Umwelt und die globalen Wettermuster bewertet werden.

Während einige Politiker die Weitsicht dieses Vertrages noch lobten, liefen Umweltorganisationen dagegen Sturm, weil sie befürchteten, dass damit letztendlich doch

DER MENSCH IM »EWIGEN« EIS   177

die schrankenlose Ausbeutung der Antarktis ermöglicht werde. Auch einige Länder äußerten Bedenken. Im Oktober 1991 beschloss das Konsultativtreffen der Vertragsstaaten des Antarktis-Vertrags ein Umweltschutzprotokoll, das »Protocol on Environmental Protection to the Antarctic Treaty«. Es verbietet klipp und klar, jedwede Aktivitäten bezüglich der Bodenschätze, soweit sie nicht wissenschaftlicher Natur sind.

Erdgeschichte schürt Hoffnungen
Grundlagen für die heutigen Kenntnisse über antarktische Bodenschätze sind Stichprobenuntersuchungen auf dem Kontinent und im angrenzenden Meer. Vor allem aber hilft ein Blick auf die Erdgeschichte: Vergleiche geologischer Strukturen in Antarktika und in rohstoffreichen Gegenden Südamerikas, Südafrikas und Australiens lassen Schlüsse auf Rohstoffvorkommen in der Antarktis zu. Dabei werden unter anderem »Intrusionen« verglichen, Gesteinsformationen, bei denen flüssige Magma in existierendes Gestein einströmt.

In der Erdfrühzeit, dem Präkambrium, existierte ein Superkontinent, der sich aus dem heutigen Südamerika, Afrika, der Arabischen Halbinsel, Madagaskar, Indien, Australien und Antarktika zusammensetzte, genannt Gondwana. Vor etwa 180 Millionen Jahren begann die Teilung dieses Kontinents in die heute selbstständigen Kontinente. Daher spricht einiges dafür, dass der goldführende Witwatersrand in Südafrika seine Fortsetzung im westlichen Queen Maud Land der Antarktis findet und die kupferreichen südamerikanischen Anden in die Antarktische Halbinsel übergehen. Parallelen bestehen ferner zwischen den eisbedeckten Gebieten des Wilkes Landes und den platinführenden Formationen Südwest-Australiens. Auch die Dufek-Intrusion – bei einer Intrusion strömt flüssiges Magma in existierendes Gestein – in den antarktischen Pensacola-Bergen weist Ähnlichkeiten mit dem Bushveld-Komplex in Südafrika auf, der Platin und Paladium enthält.

Öl vor der Küste
In der Antarktis liegen Vorkommen an Chrom, Antimon, Kupfer, Gold, Blei, Molybdän, Uran, Zinn und Zink. Aber über keines dieser Depots gibt es genug Informationen, die Rückschlüsse auf die Größe dieser Lagerstätten zulassen. Eine Ausnahme bilden Kohlevorkommen in den Transantarktischen Bergen und Eisenerzvorkommen in den Prince-Charles-Bergen. Nach Angaben der Bergbauindustrie sind diese Kohlevorkommen von geringer Qualität mit hohem Feuchtigkeitsgehalt; die Eisenerzvorkommen enthalten lediglich 35 % Eisen. Im Vergleich dazu liegt der zu erwartende Eisengehalt des »Mary River«-Projekts in der kanadischen Arktis bei mehr als 60 %. Auch »offshore«, also im Meer vor der Küste, birgt die Antarktis Schätze. Seit den Bohrungen, die

Ölplattform vor Alaska: US-amerikanische Wissenschaftler schätzen, dass in der Arktis rund 90 Milliarden Barrel Erdöl vorhanden sind, die nach heutigem Stand der Technik wirtschaftlich gefördert werden können.

Wissenschaftler an Bord des Forschungsschiffs »Glomar Challenger« 1973 vornahmen, werden Ölvorkommen im Kontinentalschelf im Rossmeer vermutet. Möglich sind Erdöl- und Erdgasvorkommen auch in anderen Bereichen der Antarktika umgebenden See.

Allein die Ungewissheit der Ressourcenmengen setzt den Perspektiven, die Antarktis könnte ein Fördergebiet werden, Grenzen. Zudem gilt bis 2041 das im Umweltprotokoll verankerte Abbauverbot. Nicht nur das: Die klimatischen Bedingungen lassen es unwahrscheinlich erscheinen, dass auf absehbare Zeit überhaupt Mineralien abgebaut werden können. Nur ein bis fünf Prozent des Kontinents sind im kurzen Sommer eisfrei. Die Temperaturen sinken auf bis zu –70 °C. Noch stärker als in der Arktis wären Ölplattformen im Meer von Eisbergen und treibenden Eisplatten gefährdet. In Kanadas Ölsandindustrie lag die Schwelle für Rentabilität der Ölgewinnung zuletzt bei einem Ölpreis zwischen 60 und 80 US-Dollar pro Barrel. Für die Antarktis läge er noch höher. Wie

Vergleiche geologischer Strukturen Südamerikas, Südafrikas und Australiens mit der Antarktis lassen dort auf große Rohstoffvorkommen schließen.

schnell der Ölpreis in schwindelerregende Höhen steigen kann, zeigte die Entwicklung im Herbst 2008. Unter diesen Bedingungen würde sich auch die Ausbeutung bislang unrentabler Lagerstätten lohnen. Ein Gerangel um die Polargebiete und politische Konflikte wären dann vorprogrammiert.

Ein steigender Ölpreis erhöht die Wahrscheinlichkeit, dass sich die Ausbeutung bislang unrentabler Lagerstätten ökonomisch rechnet.

Gefahren für die Umwelt – Ruf nach einem Moratorium

Während die Antarktis durch das Umweltprotokoll bislang noch vor wirtschaftlicher Ausbeutung geschützt ist, nehmen in der Arktis und den arktischen Gewässern schon jetzt die Gefahren für die Umwelt zu. Sollte es bei der Ölförderung oder dem Transport von Öl zu Unfällen kommen, würden die extremen Wetterbedingungen Rettungsarbeiten verzögern. Wochenlang ist es in der Arktis dunkel; extreme Kälte, treibendes Eis und geringe Sichtweiten erschweren Reaktionen auf mögliche Umweltdesaster. Die Eismeerregionen sind schwer zugänglich, oft Hunderte oder Tausende Kilometer von der nächsten Siedlung entfernt. Anders als beim »Exxon Valdez«-Unglück vor der Westküste Alaskas im Jahr 1989 können Rettungstrupps und ihre Ausrüstung nicht immer schnell an den Ort des Geschehens gebracht werden. Von einer »Reaktionslücke« spricht der World Wide Fund for Nature (WWF). In der Arktis treffen das »höchste Maß an ökologischer Sensibilität« und das geringste Maß an Flexibilität, auf ein Ölunglück zu reagieren, zusammen, so der WWF. Er fordert ein Moratorium bei der Ölförderung in der Arktis, bis sichergestellt ist, dass im Falle einer Ölpest effektiv reagiert werden kann.

In den Weiten der Arktis, in der viele Milliarden Barrel Öl lagern und unermessliche Mengen an Bodenschätzen ruhen, verhallt dieser Ruf bisher ungehört.

Goldfunde aus Nome (Alaska): In dem Küstenort auf der Seward-Halbinsel wird seit Ende des 19. Jahrhunderts Gold gefördert. Im September 2008 begann die Ausbeutung der jüngsten Goldmine, der sogenannten Rock-Creek-Mine.

DER MENSCH IM »EWIGEN« EIS

WAAGSCHALE IM UNGLEICHGEWICHT – DER MENSCH GEFÄHRDET DIE ÖKOLOGISCHE BALANCE

Wo der Mensch hinkommt, hinterlässt er seine Spuren, seinen »ökologischen Fußabdruck«. Die Industrie- und Wegwerfgesellschaft produziert selbst in der eisigen Umwelt Müllhalden: Das Bild zeigt Unrat am Rande der Siedlung Ilulissat auf Grönland, nahe des Ilulissat Eisfjords, der von der UNESCO als Welterbe anerkannt ist. Auch Areale rund um Militärstützpunkte sind Öl- und PCB-verseucht oder gar radioaktiv verstrahlt. Ölpipelines korrodieren, auslaufendes Öl verseucht den Boden.

Wie kein anderes Unglück zuvor und danach hat die Ölkatastrophe der »Exxon Valdez« im März 1989 an der Pazifikküste Alaskas die möglichen verheerenden Folgen der wirtschaftlichen Ausbeutung der Arktis in den Blickpunkt der Öffentlichkeit gerückt. Gemessen an der Menge des ausgelaufenen Öls war es bei weitem nicht die größte Tankerkatastrophe. Nimmt man aber die Umweltschäden als Maßstab, rangiert es an der Spitze. Die Katastrophe dient als Mahnung, was in sensiblen, unberührten Regionen wie der Arktis passieren kann. Einmal zerstört, benötigt die Natur Jahrzehnte, um sich wieder zu erholen – falls dies überhaupt möglich ist.

Oben links: Es müssen nicht Tausende Barrel sein. Schon ein einziges verrostetes Fass, aus dem Öl ausläuft, schädigt nachhaltig die Umwelt, wie hier in Nome (Alaska). Dringt Öl in Sand oder Erdschichten ein, kann es nicht mehr abgebaut werden. Fatale Auswirkungen hat Öl auch, wenn es bis ins Grundwasser eindringt: Ein Tropfen Öl kann eine Million Liter Trinkwasser verseuchen.

Oben: Die Bilder von ölverschmierten toten oder sterbenden Tieren und von Menschen, die verzweifelt gegen den dicken Ölschlamm ankämpften, gingen nach dem »Exxon Valdez«-Unglück um die Welt. An der Küste von Green Island sammeln Helfer Seeotter ein, die in der Ölbrühe ums Leben kamen.

Links: Über die Langzeitfolgen der »Exxon Valdez-Katastrophe« wird noch heute debattiert. Im Sommer 1998, zehn Jahre nach dem Unglück, präsentieren Wissenschaftler zwei Jungfische aus Alaskas Gewässern in Reagenzgläsern: links ein deformierter, rechts ein gesunder Fisch.

Fanal im Dunkeln

Das Unglück ereignet sich vier Minuten nach Mitternacht. »12.04 p.m.« ist in den Büchern festgehalten. Am frühen Morgen des 24. März 1989 läuft der mit 1,2 Millionen Barrel Erdöl beladene Tanker »Exxon Valdez« der Exxon Corporation gegen das Bligh-Riff im Prince William Sund an der Westküste Alaskas. Kleinere Frachter wie die »Exxon Baton Rouge« pumpen Öl aus dem Havaristen **(großes Bild)**. 257 000 Barrel – rund 40 Millionen Liter – laufen jedoch aus. 750 km Küste vom Prince William Sund über den Kodiak-Archipel bis zur Alaska-Halbinsel werden in den ersten Tagen nach dem Unglück verseucht. Der Ölteppich treibt hinaus auf das Meer. Am Ende sind von der Katastrophe rund 2400 km Küste betroffen.

Fünf Jahre später zieht der »Exxon Valdez Oil Spill Trustee Council« in einem Bericht Bilanz: Etwa eine halbe Million Vögel aus 90 verschiedenen Arten, die auf dem Wasser leben oder bei der Suche nach Fisch in die Ölbrühe eintauchen, werden getötet. Mindestens 150, wenn nicht sogar bis zu 900 Weißkopfseeadler verenden. 4500 Seeotter kommen unmittelbar durch die Ölpest ums Leben, ferner Robben und Schwertwale. Das Öl tötet direkt oder vernichtet Brutbestände. Der Fischfang kommt völlig zum Erliegen.

DER MENSCH IM »EWIGEN« EIS

Schadstofflager im ewigen Eis

Dank des Antarktisvertrags ist die Südpolregion tabu für wirtschaftliche Ausbeutung und militärische Nutzung. Die Aktivitäten der Menschen stehen im Zeichen der Forschung und der friedlichen Nutzung der Antarktis. Aber auch hier hinterlässt der Mensch Spuren und Schrott: Am Rande einer verlassenen Siedlung auf Südgeorgien am Rand der Antarktis marschieren fünf Eselspinguine durch eine Schrottwüste zum Meer **(großes Bild)**.

Auf der anderen Seite des Erdballs, in der Arktis, hinterlassen verschiedene Umweltgifte ihre Spuren, die ihren Ursprung oft nicht einmal in dieser Region, sondern in Industriezentren weiter im Süden haben. Saurer Regen und Bodenbelastung mit Schwermetallen sind einem Wald bei Norilsk in Sibirien zum Verhängnis geworden **(Bild oben)**. Auch langlebige organische Umweltgifte, die sogenannten Persistent Organic Pollutants (POP) wie Polychlorierte Biphenyle (PCB), verschiedene Pestizide und Insektizide, werden die arktische Umwelt noch lange belasten, auch wenn ihre Verwendung mittlerweile eingeschränkt oder verboten ist. Fatalerweise haben sie sich in der Nahrungskette angereichert: Über Niederschläge gelangen sie in Ozeane und über Algen, Fische und Meeressäuger schließlich zum Menschen. Vor Spitzbergen entnehmen Taucher im Rahmen der »Down to Zero«-Toxic-Tour daher Wasserproben, um sie auf POP zu untersuchen **(Bild unten)**.

CHANCEN DES KLIMAWANDELS – VORREITER GRÖNLAND?

Dass sich die Welt inmitten eines Klimawandels befindet, ist längst kein Geheimnis mehr. Dass es jedoch schon jetzt Profiteure dieses Veränderungsprozesses gibt, ist oft nicht bekannt. Beispiele dafür finden sich auf der größten Insel der Erde: Der Frühlingsanfang hat sich im Norden Grönlands allein in den vergangenen zehn Jahren um 14,5 Tage nach vorn verschoben. Der Fischreichtum an der Westküste nimmt momentan deutlich zu, die Fischerei wird dadurch immer ertragreicher. Steigende Temperaturen und verlängerte Vegetationsperioden könnten die aufgetauten Permafrostböden Grönlands und der gemäßigten polaren Breiten mittelfristig landwirtschaftlich nutzbar werden lassen. Bereits jetzt gibt es auf Grönland große Weideflächen für Pferde. Das Bild zeigt eine Heuernte beim grönländischen Ort Brattahild. Vor allem aber wurde die Schafzucht auf der Insel wieder eingeführt.

Davon lebten auch schon die Wikinger, die im 10. Jahrhundert eine Wärmeperiode dazu nutzten, in die Arktis vorzudringen: Erik der Rote taufte das neu entdeckte Eiland »Grünes Land«. Zunächst waren die Wikinger recht erfolgreich, gründeten katholische Bistümer und bauten große Höfe ganz ähnlich dem hier abgebildeten. Über eine regelmäßige Schifffahrtslinie führten sie Handel und Schriftwechsel mit Europa. Ausgrabungen dänischer Archäologen belegen aber, dass die Wikinger schließlich verhungerten, als das Klima im späten Mittelalter mit der einsetzenden »Kleinen Eiszeit« kälter wurde. Und den Rückweg nach Skandinavien hatten sie sich selbst versperrt, indem sie die einst zahlreichen Bäume gerodet hatten, die sie zum Bau von Schiffen benötigt hätten.

Der momentan einzige Wald Grönlands bei Ilulissat wurde in den 1950er-Jahren angepflanzt und entwickelt in jedem Jahr prächtigere Triebe – Grönland grünt.

DER MENSCH IM »EWIGEN« EIS 187

Oben: Kartoffeln gedeihen vor einer Kulisse aus Treibeis auf dem Hof von Ferdinand Egede in der Nähe von Narsaq, Grönland. Insbesondere die schwedische Sorte Rapido ist beliebt. Egedes Vater war noch Viehzüchter.

Rechts: Eine landwirtschaftliche Versuchsanstalt in der Nähe des grönländischen Ortes Qaqortoq, wo verschiedene Kohlsorten angepflanzt werden. Auch aus Sibirien wurden schon erfolgreiche Brokkoli-Ernten gemeldet. Noch darf spekuliert werden, ob dies in Zukunft tatsächlich teure Importe von Obst und Gemüse ersetzen kann.

Grönlands neues Gesicht

Ski-Urlaub auf Grönland? Noch ist es ein Pionier, der hier einen Hang nahe Ilulissat herunterwedelt **(Bild links)**. Denkbar wäre es aber, dass mit nachlassender Schneesicherheit in den klassischen Skigebieten die arktischen Regionen in Grönland, Alaska, Lappland oder Sibirien in den Fokus des touristischen Wintersports rücken. Probleme bereiten freilich die lange Polarnacht und die weiten Anfahrten.

Andere Entwicklungen zeigen sich auf Grönland bereits deutlicher. Durch die Erderwärmung verschieben sich die Klimazonen und die Jahreszeiten in der Arktis. Die Mitternachtssonne, die auf das Zackenberg-Gebirge im Nordosten Grönlands scheint, erwärmt sumpfige Wiesen, wo sich früher zur gleichen Zeit Gletschereis erstreckte **(Bild unten)**. Die Folgen sind gravierend: Arktische Beutetiere verschwinden, anderes pflanzliches und tierisches Leben drängt nach Norden. Dazu gehören auch Stechmücken, Parasiten und Krankheitserreger. All dies verschlimmert die ohnehin prekäre gesundheitliche Situation vieler Inuit.

DER MENSCH IM »EWIGEN« EIS 189

REGISTER

In diesem Register sind die wichtigsten Begriffe sämtlicher Artikel sowie Namen von Personen erfasst. Kursive Seitenzahlen verweisen auf Abbildungen.

A

Aerosol 23
Agassiz 80
Alaska 11, 17, 20, 33, 42, 80, 84, 167, 176, 178
Albedo 80
»Alexander Sibirjakow« 43
Alfred-Wegener-Institut für Polar- und Meeresforschung 78, 92, 108, 119, 153
Alge 70, 118, 119
Alta Bay *82*, 83
Aluminium 177
Amchitka 149
American Geographical Society 144
Amundsen, Roald 42, 85, *146*, *146*, 147, *147*
Angaria 16
Angmagssalik 77
Antarktis 9, 13, 14, 16, 17, 19, *19*, 20, 21, 33, 34, 36, 44, 48, 49, 52, 65, 70, 77, 78, 83, 85, 91, 111, 123, 152, *156*, 158, 168, 177, 178
Antarktische Halbinsel 21, 31, 36, *37*, 44, 46, 93, 120, 121, 129
Antarktische Konvergenz 20, 21, 77
Antarktische Platte 14
Antarktischer Eisfisch 115, *115*
Antarktischer Ozean 46
Antarktisdorsch 70, *71*
Antarktis-Vertrag 151, 160, 161, 164, *164*, 168, 177, 178, 185
Antimon 178
Arctic Alaska Petroleum Province 167
Arctic Climate Impact Association 91
»Arctic Sunrise« 148, *148*
Arktis 9, 10, 16, 18, *18*, 33, 36, 40, 41, 46, 49, 70, 77, 83, 123, 158, 175, 176, 177, 179
Arktischer Ozean 162, 164, 165
Arktischer Rat 164, 165, *165*
Arktisches Weidenröschen 127, *127*
Arktische Zone 17

B

Arktis-Vertrag 165
Atacama-Wüste 78
Atka-Bucht 14, 36
Atkinson, Angus 120
Atlantik 17, 78, 81,
Atmosphäre 24, 65, 81
Atmosphärische Optik 39, 158
Atomtest 148, 149, 151
Atomunglück 150
Atomwaffensperrvertrag 157
Aurora australis 24
Aurora borealis 24
Australien 43
Axworthy, Lloyd 165, *165*
Azolla-Farn 78

»B 15« 59
Baffin, William 42
Baffinland 17, 132, 175
Barents, Willem 41, *41*
Baltisch-Skandinavischer Schild 16,
Beaufortsee 17, 20, 121, 162, 164, 176
Beluga Sapphire Project 175
Benguelastrom 78
Benthonten 115, *115*
Bering, Vitus 42
Beringstraße 20, 43
Beuteltiere 77
Blei 175, 176, 178
Blusson, Stu 170
Bodenschätze 20, 137, 139, 140, 141, 162, 167, 170, 174
Bodenverseuchung 149
Bodø 77
Bohrkernforschung 17, 50, 51, 52, 53, 65, 78, 153, 159, *159*
Booth-Insel 21
Boreale Jakobsleiter 126, *126*
Bottnischer Meerbusen 78
BP Alaska 176
Brattahild *186*, 187
Brutkolonie 105, 106, 116, 118
Bylotinsel 161

C

Chrom 178
Churchill 96, 134
Collinia 120
Convention on the Regulation of Antarctic Mineral Resource Activities (CRAMRA) 177
Cook, Frederick A. 144

Cook, James 43
Cornwallis-Insel 161, 163

D

Dalrymple-Insel 39
Deception Island 46, *46*
Delisie, Georg 52, *52*
Deschnjow, Semjon 42
Diamanten 170, 175, 177
Diavik-Diamantenmine 171, *171*
Dierking, Wolfgang 92
Distant Early Warning Line (DEW Line) 149, 150
Drygalski-Eiszunge 90, *90*
»Dye 3« 51

E

Eem-Warmzeit 51, 52
Egede, Ferdinand 188, *188*
Einzeller 119, 120
Eisbär (Ursus maritimus) 46, *46*, 86, *86*, 93, 96, *97*, 102, *102*, *103*, 106, 107, *107*, 108, 118, 121
Eisberg *12*, 13, 20, *20*, 21, 39, *39*, 48, *56*, 57, *60*, *61*, 62, 65, *65*, 66, *66*, 69, 72, 73, *73*, 75, 91, 106, *110*, 111
Eisbrecher 42, 43, 72, *72*, 74, 75, 78, *78*, 153, *153*, 161
Eisenerz 175, 177
Eisgrenze 36
Eisklettern *48*, 49
Eiskristall 62, *62*, *63*, 70
Eismeer 79, 80
Eisnebel 29
Eisschild 31, 65, 66, 158
Eisschmelze 93
Eisscholle 9, 17
Eisschuttwüste 17
Eiszeit 51, 79, 80, 93, 187
Eiszyklus 93
Ekati-Mine 171
Ellesmereinsel 17, 162
»Endurance« *142*, 143
Erbgut 51, 52
Erdgas 162, 167, 170, 175, 178
Erdgeschichte 52, 53
Erdöl 17, 20, 162, 167, 170, 175, 176, 178
Erdrotation 26
Erik der Rote 92, 187
Eurasisches Becken 17
European Project for Ice Coring in Antarctica (EPICA) 65
»Exxon Valdez« 181, *182*, 183

F

Fata Morgana *38*, 39
Ferner Osten 41
Feuerland 41
Fipke, Charles 170
Fischeier 70, *70*
Fischfang 74, 111, 139, 141, 167, 183
Fjord 10, 20, 65, 74
Flachsee 11, *11*
Flechte 43, 123, 124, *125*, *128*, 129, *129*
Flesche Kleiven, Helga 80
Fluorchlorkohlenwasserstoff (FCKW) 93
Forschungsstation 36, 141, 152, 153, 185
Fort Greely 151
Fox, Luke 42
»Fram« 153
Franklin, John 43, *43*
Franz-Joseph-Land 46, 106
Fraser, Bill 120
Frobisher, Martin 41
Frostschutzwüste 17
Frühwarnsystem 150
Fuchs, Vivian 161

G

Galapagos-Inseln 78
Gegenblättriger Steinbrech 126, *126*
Gemüseanbau 141, 188, *188*
Geografischer Nordpol 165
Gerstle River Military Reservation 151
»Gjøa« 42
Gletscher 17, 51, 57, 62, *62*, 64, 65, 66, 77, 79, 85, 93
Gold 20, 176, 177, 178, 179, *179*
Golfstrom 17, 20, 76, 77, 78, 79
Gondwana 52, 77
Greenpeace 34, 148, 149
Grönland 10, 17, 39, 42, 51, 52, 59, 65, 74, 76, 79, *91*, 91, 92, 140, *140*, 145, *145*, 176, 177, 187

H

Hall Beach 149
Halo 39, *39*
Handelsverbot 139
Hans (Insel) 162
Harpune 139
»Healy« 164
Henson, Matthew 144
Hering 121
Hillary, Sir Edmund 161

»Hingitaq 53« 150, 151
Hoheitsgebiet 150, 160, 161, 163
Horseshoe-Insel 170, *170*
Hudson, Henry 41, 42
Hudson Bay 42, 80, 96, 108
Humboldtstrom 78

I

»IceSat« 158, *158*
Iglooli 135
Iglu 134, *134*, 139
Ilulissat 163, 181, 187, 189
Indigene Völker 86, 89, 138, 140
Infrarotstrahlung 79
Infrastruktur 20, 69, 89
Inlandeis 9, 17, 21, 90, 91, *91*, 93
Internationales Geophysikalisches Jahr 161
Internationales Polarjahr 161
Internationale Vereinigung der Antarktischen Reiseveranstalter (IAATO) 44
Internationale Walfangkommission 173
International Union for Conservation of Nature and Natural Resources (IUCN) 108
Inuit 49, 89, 132, *133*, 134, *134*, 138, 141, *141*, 148, 150, 173, 189
Inuit Circumpolar Conference (ICC) 141, 150
Island 34, 79
Islandmuschel 109
Isotopen-Analyse 91

J

Jacobsen, Solveig Gunbjörg 141
Jacobshavn Isbrae 79, *79*
Jagd 139, 140
Jahreszeiten 10, 29, *29*, 31, 104, 105, 106
James, Thomas 42
Japan 42
Juliisotherme 29

K

Kabeljau 121, 173, *173*
Kajak 49, *49*, 139
Kaktovik 150
Kalbung *58*, 59, 65, 66, 79, 123
Kalter Krieg 148

Kamschatka 136
Kanada 40, 42, 140, 164, 165, 175, 176
Kanadabecken 17
Kanadisch-Grönländischer Schild 16, 51, 91
Kap der Guten Hoffnung 20
Kap Hoorn 20, 42
Karasee 42
Karibu *98*, 99, 132
Kartoffelanbau 188, *188*
Katabatische Winde 30
Kimberlit-Pipe 170
»Kippschalter des Weltklimas« 91, 92
Kirche 135, *135*
Kleidung 132
Klepper, Gernot 80
Klima-Archiv 50, 53
Klimaerwärmung 20, 51, 80, 81, 83, 90, 92, 102, 121, 167, 189
Klimageschichte 52, 78
Klimakreislauf 51
Klimawandel 17, 40, 43, 52, 57, 80, 81, 83, 90, 93, 96, 107, 118, 141, 162, 167
Kobalt 177
Kohle 20, 52, 178
Kola-Halbinsel 150
König-Georg-Insel 46, 49
Konjaken 136, *136*
Kontinentalplatte 14, 17
Kontinentalschelf 164
Kreuzfahrt 46
Krill 70, *70*, 91, 118, 120, *120*, 121, 123
Krüppelbirke 80
Kunsthandwerk 140
Kupfer 176, 177, 178
Küstenerosion 89, *89*
Küstenseeschwalbe 99, *99*, 109, *109*

L

Labradorsee 76, 79
Lancastersund 161
Landbrücke 77
Lappland 39
Larson, Henry 43
Le Maire, Jacob 42
Lemaire-Kanal 21, *21*
Lena 88, *88*
Lichtjahreszeiten 17
Lomonossowrücken 17, 78, 163, 165
Longyearbyen 29
»Louis S. St.-Laurent« 161, 164
Luftschichtung 23

M

Mackenzie 20, 106
Magellan, Ferdinand 41
Magellanstraße 41
Magnetischer Pol 24, 51, *51*, 53
Mangan 21
Marathon 49
Marcos Palma, Emilio 141
»Marschal Ustinov« 150
Mary River Project 175
Matthiesen, Jens 78
McMurdo Forschungs-station 168, *169*
McMurdo-Sund 111
Medwedew, Dmitri 163
Meereis 9, 17, 20, 64, 65, 66, 69, 72, 74, 78, 85, *85*, 89, 90, 111, 119, 120, 153
Meereisblumen 63, *63*
Meeresspiegel 51, 80, 85, 92, 93
Meeresströmung 20, 52, 76
Meteorit 52, *52*, 53
Methanhydrat 81
Mikroorganismus 50, *50*, 91, 129, *129*
Militär 148, 150, 151
Mineralien 176
Mitternachtssonne 29, 189
Møller, Stig 163
Molybdän 177, 178
Moos 123, 129, *129*
Moschusochse 108, *108*, 121
Moskal, Wojtek 34, *35*
Mount Belinda 14, *14*
Mount Erebus 53, *53*
Mount Vision 21
»MS Manhattan« 43
Muir-Gletscher 84, *84*
Murmansk 150

N

Nahrungskette 118, 120, *121*, 121, 156, 185
Namib-Wüste 78
Nanisvik 163
Nansen, Fritjof 153
Napfschnecke 115, *115*
National Geographic Society 144
National Missile Defense System (NMD) 150, 151
Nebelbogen 39, *39*
Nenzen 136, 137, *137*, 151
Neufundland 73, 75
Neumayer-Station 156, 157, *157*
Nickel 175, 177
Nobile, Umberto 146
Nomaden 137, 138
Nome 179

Nordatlantikstrom 30, 76, 79, 80
Nordenskjöld, Adolf von 42
Nordmeerflotte 150, 163
Nordostpassage 20, 40, 41, *41*, 42, *42*, 43, 74, 85
Nordpol 16, 17, 144, 162
Nordwestpassage 20, 40, 41, *41*, 42, 43, 74, 85, 161, 162, 163
North American Aero-space Defense Command (NORAD) 150
North Warning System 149
Nowaja Semlja 41, 93, 151
Nunavut 135, 140, 141, 175
Ny-Ålesund 46, *46*

O

Oberflächenstrom 79, *79*
Oimjakon 30
Ökologischer Fußabdruck 181
Ökosystem 46, 69, 70, 73, 83, 86, 96, 124
Ölpest *182*, 183
Ölplattform 178, *178*
Ostantarktischer Schild 21, 93
Ostgrönlandstrom 20, 30
Ozonloch 93, *93*

P

Pachauri, Rajendra Kumar 92, *92*
Packeis 20, 21, 29, 42, 69, 72, *72*, 74, 77, 93, 106, *106*, 107, 118, 143
Palmer-Station 120
Papageientaucher 99, *99*
Paradise Bay 129, *129*
Passatwinde 78, 79
Patagonien 41
Patriot Hills 34
Pazifik 20, 41, 42, 78
Peary, Robert E. 144, *144*, 145, *145*
Pendulum Cove 46
Permafrostboden 10, 17, 20, 29, 63, 88, 89, 123, 187
Pfannkucheneis 66, 67, *67*
Photosynthese 119, 124, 129
Pinguin 14, *15*, 44, *45*, 46, *46*, 105, *105*, 110, 111, 115, *115*, 116, *116*, *117*, 118, 120, 121, 185, *185*
Pionierpflanze 129
Pipeline 43, 167
Plankton 91, 121, 156, *156*

Platin 20
Pobedas 13
Polare Stratosphären-wolken (PSC) 22, 23
Polarforschung 143
Polarfuchs 86, *87*, 99, *99*
Polarkreis 17, 18, 19, 29, 33
Polarlicht 24, *24*, *25*, 27
Polarmeer 16, 17, 20, 40, 41, 42, 43, 70, 73, 77, 90, 91, 93, 119, 170
Polarnacht 17, 28, 29, 30, 31, 33, 93
Polarsommer 28
Polarstern 26, *26*
»Polarstern« 74, *74*, *153*, *154*
Polartag 29, 33
Polynyas 20
Potsdam-Institut für Klimafolgenforschung (PIK) 80, 91, 93
Presseisrücken 72
Prince William Sund *183*
Prinz-Albert Kette 53
Prudhoe Bay 167, *167*, 171, *171*, 176

Q

Qaanaaq 148, 150
Qaortoq 188
Qujaukisoq, Ussaaqqak 151, *151*

R

Radarstation 149, 150, *150*
Rentier 124, 138
Resolute 163
Riesensturmvogel 109, *109*
Ringstrom 77, 78
Robbe 49, 86, 101, *101*, 107, 112, *113*, 115, *115*, 120, 121
Rodinia 52
Rohstoffe 162, 174, 175, 176, 177, 178, 179
Ross-Insel 53
Rossmeer 21, 118, 143
Rothwell, Marc 161, 162
Royal Geographic Society 144
Russland 162, 163, 164, 165, 176, 177

S

»SA Aguilhas« 36, *36*
Salpetersäure 23
Salzlake 65, 67, 70, 119
Samen 138, 139, *139*
Saphir 175, *175*
Savissivik 139, 140

Schafzucht 141, 187
Schamanismus 136, *136*, 141
Schelfeis 13, 17, *17*, 21, 31, 53, 59, *59*, 65, 66, 72, 91, 93, 111, 156
Schiffsverkehr 43, 69, 141, 162
Schleuchzers Wollgras 127, *127*
Schlittengespann 87
Schmelzwasser 66, 83
Schneescooter 135, *135*
Schneesturm 34
Schouten, Willem 42
Schutzabkommen 96
Schwefelsäure 23
Scott, Robert F. 146, *146*, 147
Scott Base 91
Sediment 20, 53, 78, 80, 159, *159*
See-Elefant 108, *114*, 115
Seerauch 36
Seerechtskonvention der Kommission für die Grenzen des Kontinentalschelfs (Sockelkommission) 163
Seestern 70, *70*
Seetransport 40
Sermeq Kujalleq *122*, 123
Sewernaja Zemlja 42
»Seweromorsk« 150
Shackleton, Ernest 109, 143
Shell 176
Sibirien 11, 16, 17, 20, 40, 42, 43, 137, 177, 188
Silber 176
Sirocko, Frank 79
Slave Geological Province 170
Snag 30
Snøhvit 170, *170*
Sonne 26, *32*, 33, *33*, 78
Sonnenreflexion *83*
Sonnenwinde 24, 26, *26*
Southern Ocean Sanctuary 173
»Sowetskiy Sojus« 42, *42*, 78
Spektrometer 158, *158*
Spitzbergen 17, 39, 46, 47, *47*, 57, 64, 65, 74, 92, 106
»St. Roch« 43
Statoil/Hydro 170
Stein, Rüdiger 78
Stratosphäre 23
Subantarktische Zone 19
Subpolares Gebiet 14
Südgeorgien 19, 108, 141, 185
Südshetlandinseln 19, 46
Südpol 77, 146. 147, *147*
Supertanker 43
Süßwasser 66, 80, 119

Suttles, Doug 176, *176*
Svalbard-Mohn 126, *126*
Symbiose 124

T

Tafeleisberg 13, *13*, 59, *59*, 65, *65*, 90, *90*
Taucher 154, 155
Tektonik 52, 53
Temperatur 30, 31, 33, 34, 92
Thule 20, 139, 148, 149, *149*
Tiefdruckgebiet 34, *34*
Tiefenwasserstrom 79, *79*, 80
»Titanic« 73, *73*, 75
Tourismus 44, 139, 140, 189
Tradition 86, 134, 138, 139, 141
Transantarktisches Gebirge 14, 21, 52
Treibeis 17, 21, 40, 101
Treibhausgas 52, 53, 78, 79, 80, 81, 88, 89
Trockental 14, *14*
Trockenzone 33
Tropen 77
Tschuktschensee 176
Tundra 10, *10*, 11, *11*, 17, 29, 53, 80, *80*, 97, 124
Tundra Buggy 96

U

Ultima Thule 149
Umiak 139
Umweltschutz 179
Umweltverschmutzung *180*, 181, *182*, 183, *183*, 185, *185*
UNESCO-Welterbe 181
United Nations Conven-tion on the Law of the Sea (UNCLOS) 164
Unterwasserschlot 81, *81*
Uran 175, 178
USA 11, 17, 20, 33, 42, 80, 84, 139, 148, 149, 150, 151, 167, 176, 178
Uummannaq 11, *11*

V

»Vega« 42
Vegetationsperiode 123, 187
Vereinigte Ostindische Kompanie 41
Verhoef, Jacob 164
»Victoria« 41
Victoria-Insel 43, 108, 118
Vostok-See 50
Vulkan 14, *14*, 23, 30, 53

W

Waffentest 148
Wale 46, 49, 100, *100*, 107, 112, *112*, *113*, 118, 119, *119*, 120, 121, 177
Wald 187
Walfänger 74, 100, *100*, 111, 172, *172*, *173*, 177
Walross 107
Walschutzgebiet 173
Wanderung (Robben) 158
Wasserkreislauf 57
Wasserstoffbrücke 67
Weddellmeer 36, 120, 143, 156
Weißer Höswurz 126, *126*
Wellington-Konvention s. Convention on the Regulation of Antarctic Mineral Resource Activities (CRAMRA)
Weltklimarat 51, 80, 85, 92
Westantarktis 92
Westwindzone 31
Wetter 33
Wettersatellit 20
Whiteout 39, *39*
Willerslev, Eske 51
Windchill 34
Winterflunder 108
Wintersport 189, *189*
Wirbellose 108
Wirbelsturm 30
Wirtschaft 174, 175, 176, 177, 178, 179
Wisting, Oscar 147
Wolf, Eric 52
»World Discover« 46, *46*
Wrangel-Insel 106
Wüste 14, 20, 33, 77, 78

Z

Zackenberg-Gebirge 189, *189*
Zink 175, 176, 178
Zinn 178
200-Meilen-Zone 162, *162*, 164
Zwergbirke 86, *87*, 124, *124*

AUTORENVERZEICHNIS

Gerd Braune lebt als politischer Korrespondent für mehrere große deutsche Tageszeitungen in Kanada. Sein Spezialgebiet, Klimawandel im arktischen Raum, hat ihn zu zahlreichen Recherchereisen in die Arktis veranlasst *(Seiten 148–151, 160–165, 166–173, 174–179, 180–185)*.

Frank Fietz organisiert seit vielen Jahren Expeditionsreisen in die Arktis und Antarktis. Reiselust und Entdeckerdrang machten den Tourismusexperten und Inhaber des Spezialveranstalters Polar-Kreuzfahrten zu einem profunden Kenner der Polargebiete *(Seiten 8–15, 22–27, 28–31, 32–39, 44–49)*.

Dirk Husemann ist Historiker und Archäologe. Für zahlreiche Wissenschaftsmagazine sowie überregionale Zeitungen ist er als Journalist tätig. Als Buchautor widmet er sich vor allem neuesten Forschungen und Erkenntnissen verschiedenster Wissensgebiete *(Seiten 16–21, 50–53, 142–147)*.

Roland Knauer hat in Molekularbiologie promoviert. Als Autor und Fotograf beschäftigt er sich mit Themen aus Natur und Umwelt sowie naturwissenschaftlichen Fragen. Der renommierte Wissenschaftsjournalist schreibt für überregionale Tageszeitungen und Magazine, u.a. für »National Geographic« *(Seiten 40–43, 76–81, 90–93)*.

Mojib Latif, Professor für Meereswissenschaften an der Universität Kiel, ist einer der bekanntesten Klimaexperten Deutschlands. Er hat zahlreiche Studien zum Klimawandel veröffentlicht und ist Träger des Max-Planck-Preises für »Öffentliche Wissenschaft« *(Vorwort)*.

Kai Lückemeier publiziert seit Jahren regelmäßig zu naturwissenschaftlichen Themen, insbesondere auch in den Bereichen Evolutionsbiologie und Umweltschutz. Als freier Fach- und Sachbuchautor ist der promovierte Philosoph und Diplom-Pädagoge für zahlreiche deutsche Verlage tätig *(Seiten 96–103, 110–117, 122–129)*.

Dietmar Neitzke, Ethnologe, Religions- und Kulturwissenschaftler, arbeitet am Referat für Museumspädagogik des Linden-Museums – Staatliches Museum für Völkerkunde in Stuttgart. Er ist Spezialist für die indigenen Völker Amerikas wie die Inuit *(Seiten 132–137, 138–141, 186–189)*.

Dirk Notz leitet am Max-Planck-Institut für Meteorologie in Hamburg die Forschungsgruppe »Meereis im Erdsystem«. Der promovierte Mathematiker befasst sich insbesondere mit der zukünftigen Entwicklung von arktischem Meereis und hat an zahlreichen Expeditionen in die Polargebiete teilgenommen *(Seiten 56–63, 64–67, 68–75, 82–89, 152–159)*.

Kerstin Viering ist Diplom-Biologin. Die Wissenschaftsjournalistin schreibt für Tageszeitungen und große Sachbuchverlage. Als Autorin war sie zudem für verschiedene internationale Naturschutzorganisationen wie den WWF tätig *(Seiten 104–109, 118–121)*.

IMPRESSUM

© 2009, wissenmedia GmbH, Gütersloh/München
Geschäftsbereich Verlag

Projektleitung: Markus Frühauf, Patrick Grootveldt

Redaktion: Christian Jahnel, txt redaktion & agentur, Dortmund/München
Bildredaktion: Anka Hartenstein
Grafikredaktion: Dr. Matthias Herkt
Kartografie: wissenmedia Mapworks, Stuttgart
Medienbereitstellung: Martin Leist, Daniela Wuttke
Grafische Konzeption und Umschlaggestaltung:
Thomas Manss & Company, London
Layout/Satz: Axel Brink, Dortmund

Herstellung: Joachim Weintz
Druck und Bindung: Himmer AG, Augsburg

Die in diesem Buch gewählten Schreibweisen folgen dem Werk »WAHRIG – Die deutsche Rechtschreibung« sowie den Empfehlungen der WAHRIG-Redaktion. Weitere Informationen unter www.wahrig.de.

Dieses Werk einschließlich aller seiner Teile ist urheberrechtlich geschützt. Jede Verwertung außerhalb der engen Grenzen des Urheberrechtsgesetzes ist unzulässig und strafbar. Das gilt insbesondere für Vervielfältigungen, Übersetzungen, Mikroverfilmungen und die Einspeicherung und Verarbeitung in elektronischen Systemen.

ISBN: 978-3-577-14648-7

ABBILDUNGSNACHWEIS

akg-images, Berlin: 41 l., 144, 147 u.; **alamy, Abingdon:** 14 o./Peter Arnold Inc., 14/15/Danita Delimont, 22/23/Javier Etcheverry, 24 u./Visual&Written SL, 25/John Schwieder, 26 o./Stock Connection Distribution, 27/The Print Collector, 34 u./David Tipling, 35/Steve Morgan, 37/Steven J. Kazlowski, 38/Jack Stephens, 59 o./Steve Morgan, 63 l./Jack Stephens, 66/Danita Delimont, 68/69/Danita Delimont, 87 u.l./imagebroker, 99 M.u./imagebroker, 115 M.u./imagebroker, 122/123/imagebroker, 126 r.o./imagebroker, 126 r.M./Bryan & Cherry Alexander, 126 l./GM Photo Images, 127 l./Arco Images GmbH, 127 r./LOOK, 134 o./Danita Delimont, 136 o./Danita Delimont, 136 u./Bryan & Cherry Alexander, 139/Bryan & Cherry Alexander, 142/143/Frank Hurley, 149/Bryan & Cherry Alexander, 155/Kim Westerskov, 168/Galen Rowell, 168/169/Danita Delimont, 177/North Wind Picture Archives, 178/Alaska Stock, 180/181/Ashley Cooper, 189 l./LOOK; **Associated Press GmbH, Frankfurt:** 17/Sam Soja, 78/Viking Supply Ships A.S., 80/Terry Chapin, 81/Science and the University of Washington, 90/NASA, 91 l./Clifford Grabhorn, 91 r./Clifford Grabhorn, 92/Pat Sullivan, 100 u./Adam Butler, 101 u./Jonathan Hayward, 164 u./Ass. of Russian Polar Explorers, 165/Fred Chartrand, 176 l./Al Grillo, 176 r./Al Grillo, 182/Rob Stapleton; **AWI Alfred-Wegener-Institut für Polar- und Meeresforschung:** 115 M.o./Julian Gutt, 154 o./Gauthier Chapelle, 156/Astrid Richter, 157 o.; **blickwinkel:** 10/11/Lohmann, 30/Lohmann, 36/Rose, 39 o./Bäsemann, 39 u.l./Salminen, 42/Hummel, 60/61/Lohmann, 62 o./Hecker/Sauer, 67/Rose, 72/Rose, 73 o./Lohmann, 89 u./Bäsemann, 96/97/Walz, 99 M.o./Hummel, 101 o./McPhoto, 109 o./McPhoto, 114/Meyers, 116 u./Schmidbauer, 124/Willemeit, 128/McPhoto, 129 o./Laule, 184/185/Meyers; **Corbis GmbH, Düsseldorf:** Vorsatz/Staffan Widstrand, 14 u./Maria Stenzel, 20/Momatiuk-Eastcott, 32/33/Kennan Ward, 46 o.r./Kevin Schafer, 48/DLILLC, 53/George Steinmetz, 54/Ralph A. Clevenger, 56/Galen Rowell, 73 u./Ralph White, 75/Reuters, 82/83/Frans Lanting, 108/Staffan Widstrand, 113 o.l./Amos Nachoum, 116 o./DLILLC, 116/177/Frans Lanting, 119/Momatiuk-Eastcott, 133/Staffan Widstrand, 134 u./Ashley Cooper, 137 M./Jacques Langevin, 137 u./Arne Hodalic, 137 o./Arne Hodalic, 150/George Steinmetz, 161/Daniel Wallis, 171/Cameron French, 173 o./Reuters, 183 l./Karen Kasmauski, 183 o.r./Bettmann, 183 u.l./Ashley Cooper, 186/187/Wolfgang Kaehler, Goddard Space Flight Center, Greenbelt: 158 l.; **Corbis-Bettmann, New York:** 43/145 o.r., 146/UPI, 146 u./UPI, 164 o.; **dpa Picture-Alliance GmbH, Frankfurt:** 41 r./ESA, 47/Gräfenhain, 52/Jonas Gessler, 74 o./Hinrich Bäsemann, 76/Huber, 88, 89 o./SBCGlobal, 102, 129 u./Hinrich Bäsemann, 141/NHPA/photoshot, 151/Keld Navntoft, 152/153/Hinrich Bäsemann, 157 M./Christian Wöste, 159 o./Carmen Jaspersen, 159 u.r./Hans Oerter, 163/Telescope-Film, 172/Everett Kennedy Brown, 185 o./NHPA/photoshot, 189 r./Toke T. Hoye; **Focus, Hamburg:** 6/Louise Murray, 50/SPL, 107/SPL; **fotolia.com:** 175 o./Julianna Tilton; **Gerald Traufetter:** 188 l., 188 o.; **Greenpeace e.V., Hamburg:** 185 u./Cumingham; **IFA-Bilderteam GmbH, Ottobrunn:** 63 r./IDS94, /AP&F, 100 o./BCI; **IFM-GEOMAR, Kiel:** 5; **Interfoto, München:** 99 o., 145 o.l./IFPA; **istockphoto.com:** 62 u./Pauline Mills, 99 u./Alexander Hafemann; **Jupiterimages GmbH, Ottobrunn:** 24 o.l./Warden; **laif, Köln:** 46 u./Visser, 49/Bryan & Cherry Alexander, 58/Bryan & Cherry Alexander, 98/99/Arcticphoto, 130/Thomas Jouanneau, 135/Bryan & Cherry Alexander, 148/Thomas Grabka, 166/167/Bryan & Cherry Alexander, 170 u./Delphine Aures, 171 l./Bryan & Cherry Alexander, 179/Jörg Modrow; **Mauritius Images, Mittenwald:** 11 o./Nordic Photos, 12/AGE, 24 o.r., 39 u.r./Thorsten Milse, 44/45/Winfried Wisniewski, 46 o.l./Reinhard, 74 u./Nordic Photos, 86 u./Thorsten Milse, 86/87 o./Norbert Rosing, 87 u.r./AGE, 105/Oxford Scientific, 110/111/AGE, 113 u./Oxford Scientific, 126 r.u./Norbert Rosing, 159 u.l./Science Source, 173 u./Oxford Scientific; **NASA, Washington:** 34 o., 79/USGA, 85/Goddard Space Fligh Center Scientific Visualization Studio, 93, 158 r./Goddard Space Flight Center Scientific Visualization Studio; **NSIDC The National Snow and Ice Data Center:** 84 o./Bruce F. Molnia, 84 u./William O. Field; **Okapia KG, Frankfurt:** 103/Dr. Eckart Pott; **Picture Press, Hamburg:** 13 u./Norbert Wu/Minden Pictures/FLPA, 56/57/Flip Nicklin/Minden Pictures, 70 u./Norbert Wu/Minden Pictures, 70 o./Norbert Wu/Minden Pictures, 70 M./Flip Nicklin/Minden Pictures, 71/Norbert Wu/Minden Pictures, 112/Norbert Wu/Minden Pictures, 113 o.r./Parker + Parker-Cook/Ardea; **shutterstock.com:** 4/5/Armin Rose, 8/9/Janis Rozentails, 11 u./George Burba, 21/Raldi Somers; **SOHO/EIT consortium:** 26 u.; **StatoilHydro:** 170 o./Even Edland; **The National Science Foundation, Arlington:** 115 u./NSF/USAP/Steve Clabuesch; **TopicMedia Service, Ottobrunn:** 13 o./Edmaier, 125/Norbert Schwirtz; **wissenmedia GmbH, Gütersloh:** 147 o.l.; **WorldSat International Inc., 2006, www.worldsat.ca:** 18 o., 19 o.

Abbildungen auf dem Cover:
Eisberge: shutterstock.com/Chris Howey; Eisberge blau: shutterstock.com/Armin Rose; Antarktis, Arktis: NASA/Goddard Space Flight Center Scientific Visualization Studio The Blue Marble data is courtesy of Reto Stockli (NASA/GSFC); Forschungsstation: laif, Köln/Thomas Jouanneau; Eisbär: istockphoto.com/John Pitcher.